_____ 님께

소중한 당신의 직장생활에

박수를 보내 드립니다.

- -

- -

- -

_____ 드림

직장생활,
나는
잘 하고 있을까?

직장생활,
나는
잘 하고 있을까?

초판 1쇄 발행 2018년 4월 16일
초판 3쇄 발행 2019년 1월 1일

지은이 박해룡
펴낸이 최익성
펴낸곳 플랜비디자인

책임편집 신범창
디자인 All Design Group

주소 경기도 화성시 동탄반석로 277
전화 031-8050-0508
전자우편 choiicksung@gmail.com
출판등록 제2016-000001호

ISBN 979-11-959531-7-2 03320

※ 이 도서의 국립중앙도서관 출판예정도서목록(CIP)은 서지정보유통지원시스템 홈페이지
   (http://seoji.nl.go.kr)와 국가자료공동목록시스템(http://www.nl.go.kr/kolisnet)에서 이용하실 수 있습니다.
   (CIP제어번호: CIP2018009074)

직장생활, 나는 잘 하고 있을까?

박해룡 지음

 플랜비디자인

직장생활에 도움이 될 의미 있는 책이 태어난 것을 축하합니다.

LS산전㈜ 인사 담당 임원(상무. CHO)로 재직하는 8년 4개월 동안 216호라는 'Biweekly CHO Message'를 전 사원에게 직접 써서 보낸 것도 대견했는데 한 권의 책으로 엮어 조직 생활을 하는 직장인에게 공유한다니 저로서도 기쁜 일입니다.

'4차 산업혁명' 이나 'Digital Transformation'이라는 변화 속에 현대인의 직장생활은 고충이 많습니다. 기술은 빠르게 발달하지만 정신이나 문화의 변화는 더디기 때문입니다. 기술의 변화에 적응하는 젊은 세대와 그렇지 못한 기성 세대간에 차이가 크게 느껴지는 시기입니다. 그래서 리더에게 요구되는 리더십에 변화가 많고, 무엇이 훌륭한 직장생활인지 정의하기조차 어려운 시점입니다.

경영인 입장에서도 최근의 변화와 조직문화에 대해 늘 고민하게 됩니다. 기술의 변화만 강조하여 소중한 가치와 문화를 놓칠 수 있고, 본질이 흐려질까 저의하고 있었습니다.

이런 시점에 '직장생활, 나는 잘 하고 있을까?'라는 질문을 던지며 직장생활의 성공에 대해 정의를 내리고, 직장생활을 잘 하기 위해 필요한 요소에 대해 풀어 나가고, 특히 직장생활에 필요한 '태도(attitude)와 습관'을 잘 정리하였습니다.

이 책은 직장생활을 하는 모든 사람에게 추천합니다. 특히, 직장생활 초년생들의 고민에 혜안을 제시해 주니 그들에게는 직장생활의 참고서가 될 것입니다. 직장생활을 준비하는 취업준비생도 이 책을 통해 직장생활을 이해할 수 있으니 취업 면접 때 참고할 수 있을 것 같습니다.

책의 내용 중에 평소 제가 강조하던 메시지들이 많습니다.

저자가 정리한 '소화제'는 직장생활의 가장 기본적인 요소입니다. '소통과 화합'은 디지털 시대가 되어 초연결 사회가 되고, 융합적인 사고가 절실한 시점에 더욱 소중한 가치입니다. 또한 창의성과 혁신이 중요합니다. 이 책에서 제시한 바와 같이 창의성도 절박한 사람이 발휘하고, 그 분야에 관심을 갖고 공부하고, 고민하는 사람이 발휘 할 수 있다는 의견에 공감합니다.

남들보다 30분 먼저 출근 해 공부를 하거나 업무를 챙기고, 내가 대접받고 싶으면 내가 먼저 다른 사람을 대접하고, 항상 눈에 총기를 띄고 전문가가 되며, 모든 일에 긍정적이고 스스로 자존감을 가지라는 내용도 좋았습니다.

위 메시지뿐만 아니라 직장생활의 '꿀팁'이라고 할 수 있는 다양한 내용을 담고 있는 이 책을 전 사원에게 추천하고 싶습니다. 성과, 행복, 존경의 관점에서 성공적인 직장생활에 자양분이 될 것입니다.

LS산전㈜ CEO/회장 구 자균

저자는 인사 업무에 대단한 열정을 가진 사람이며, 끊임없는 '자기 정진'의 모습을 '216회'라는 숫자를 통해서 엿볼 수 있다. 8년 4개월간 격주로 직원과 소통하며 한번도 빠지지 않았다는 것 자체가 정말 대단하다. 그의 정열과 직원에 대한 배려, 진정성이 없이는 불가능한 일이다.

인사 임원으로 직원에게 보내는 따뜻한 메시지를 3개의 장으로 나눠 담고 있고, 구체적인 태도와 행동에 대해서도 제안하고 있다. 직장생활이 행복하고 성과도 내기 위해 필요한 권유와 희망이기도 하다. '직장생활의 성공'이라는 개념에서는 보통의 경영자들이 말하는 '성과'만이 아니라 구성원의 '행복'과 '존경'까지 균형있게 이야기하고 있다. 인사는 사람에 대한 '믿음'과 '애정'이 있어야 하는데 저자는 몸소 실천한 사람임이 분명하다. 이 책 속에 담긴 그의 진솔한 이야기에서 읽혀지며, 저자의 평소 사유와 고민, 그리고 실전에서 터득한 지혜가 구구절절 보인다. 다양한 사례로 쉽게 표현되어 있어 더욱 좋다.

이 책은 '나는 직장생활을 잘 하고 있을까?'를 검증하는 사람, 즉, 현재 직장에 다니는 사람에게 꼭 필요하다. 직장생활에서 나의 '성장과 미래'에 대한 방법론이다. 그리고 '나는 직장생활을 어떻게 하면 잘 할까'

를 준비하는 취업준비생에게도 소중한 지침이 된다. 또한 '나는 직원에게 어떻게 하고 있는가'를 고민하는 경영자나 리더에게도 꼭 필요한 책이다.

다시 말해 직장생활을 하고 있는 사람에게는 '직장생활 점검서'이며, 조직생활을 준비하는 학생에게는 '직장생활 지침서'가 될 것이고, 경영자에게는 자기 조직을 진단해 보는 '경영의 참고서'가 될 것으로 확신하며 일독을 권하는 바이다.

초대 대한민국 정부 인사혁신처 처장 이근면
(삼성전자 인사 전무 및 삼성광통신 대표이사 역임)

"어떻게 하면 행복한 직장생활을 할 수 있을까?" 사회초년생이라면 누구나 고민하는 주제일 겁니다. 이 책은 그런 의미에서 사회 첫 발을 내딛는 신입사원이라면 꼭 읽어봐야 할 필독서입니다. 책의 내용은 직장생활의 성공방정식, 직장생활 성공을 위한 태도와 습관 등 이미 '성공의 길'을 가본 사람만이 말해 줄 수 있는 멘토의 안내서 느낌입니다. 뿐만 아니라, 직장인들이 민감해 하는 승진, 고과, 임금 등 인사부서만의 속성에 대해서도 자세히 설명해 주고 있습니다. 한마디로 '인사전문가' 박해룡 상무님의 25년 직장생활 A~Z 노하우가 고스란히 담겨 있다고 말할 수 있습니다. 박상무님은 제가 취재현장에서 채용, 임금, 복지 등 민감한 이슈가 떠오를때면 언제나 전화를 드려 자문을 구했던 분입니다. 그때마다 상무님은 어떤 주제가 나와도 깊이 있는 답변과 대안까지 제시해 주셨습니다. 이번에 박상무님의 인사철학과 혜안이 담긴 첫 서적이 나오게 됨을 축하드리며, 이 책이 이 땅의 직장인들 모두에게 '좋은 영양제'가 되었으면 하는 바램입니다.

(한국경제신문 공태윤 기자)

직장에서 저의 과거와 현재, 그리고 미래를 한꺼번에 볼 수 있는 기회가 되었고 '더 잘 할 수 있겠다'는 용기도 얻었습니다. 누구도 알려 주지 않았던 직장생활에 대한 궁금증과 고민에 대해 여기서 해답을 찾았습니다. 입사 2년차인 저에게 직장생활 참고서입니다. 두고두고 볼 계획입니다.

(CHUBB 박현석 사원)

직장생활, '내가 왜 한 발 더 못 나가고 있지?' 라고 고민하고 있을 때 실행을 위한 지침을 주었습니다. 이 책을 직장생활에서 해야 할 행동(dos)과 주의해야 할 행동(don'ts)까지 구체적으로 알려 주니 굉장히 실질적인 도움이 됩니다.

(LG전자 이상일 팀장)

이 책은 한 마디로 '직장생활의 바이블'이라고 말씀 드리고 싶습니다.

박상무님께서는 임직원들과의 소통을 위하여 끊임없이 노력하셨고, 직접 경험하신 노하우를 공유해 주셨습니다. 사회 초년생부터 리더까지 모든 분들의 직장생활에 큰 도움이 될 것을 확신하며, 이 책을 대한민국 직장인들께 진심으로 추천드립니다.

(LS산전 주니어보드 의장 박경호 과장)

HR전문가로서 대기업 HR임원으로서 저자의 HR 철학과 신념이 묻어 나며 직장인 성공방정식을 알려주는 섬세함이 돋보입니다.

격변하는 경영환경 속에서도 지속적인 성장을 할 수 있는, 선배들이 알려주지 않은, '성공 비밀병기' 같은 느낌입니다.

취업을 준비하는 대학생부터 직장선배나 리더가 후배에게 추천해 줄

만한 '직장인 필독서'이며, 제4차 산업혁명 시대에도 적합한 'HR 지침서'이기도 합니다.　　　　(송영수 교수, 한양대 리더십센터장, 삼성인력개발원 상무 역임)

머리가 지끈지끈한 직장생활~ 이제 더 이상 고민하지 말자!

직장생활을 즐기고 행복하게 만드는 이 책으로 해결해 보세요.

이 책을 꼼꼼히 읽다보면, 직장생활도 즐겁고 행복하게 할 수 있다는 생각이 저절로 듭니다.

곁에 두고 틈틈이 읽으며 몇 가지만이라도 실천해 간다면 직장도 인생도 대성공!!!　　　　　　　　　　　　　　(서울 S여고 국어교사 정인석)

중소기업을 경영하고 있는 저에게 큰 자극이 되며 공감이 가는 글입니다. 대기업에서 직장생활을 시작해 내 사업을 하면서 제가 직원들과 나누고 싶었던 말을 대신해 준 책입니다.

시대의 변화에 따라 선배는 후배에게 해 주고 싶은 말을 해 주지 않고, 후배는 선배의 진솔한 말을 듣지 못하는 것이 작금의 모습니다. 이런 현대인의 직장 생활에 후배에게 하고 싶은 이야기를 따뜻한 선배의 마음으로 들려 주는 것 같습니다. 한마디로 직장생활의 '꿀팁'이 가득합니다. 기술의 발달이 우리의 삶을 편리하게 하지만 마음 한 구석은 늘 허전합니다. 외롭고 힘이 듭니다. 방황하며 갈등합니다. 이 책이 작은 깨달음을 줄 수 있을 것으로 일독을 강추합니다.

(아텍스코리아 이종택 대표)

"아들아, 네가 직장에 가면 이 책을 꼭 읽어 봐.", "회사에 면접을 보러 가기 전에도 읽어 보면 면접을 잘 보고 합격할 것 같아.", "직장생활에도 기본이 있단다. 약속을 잘 지키는 사람, 긍정적인 사람, 자부심을 갖는 사람이 되라고 엄마가 평소에 강조했던 내용뿐만 아니라 내가 못다한 좋은 말들이 많아. 네가 원하는 직장을 구하고, 직장생활을 잘 할 수 있도록 기도하는 마음으로 엄마가 이 책을 선물할게."

(대학생 자녀를 둔 엄마 박미선)

"요즘은 청년취업 문제 해결에 사회가 많은 노력을 기울이고 있습니다. 하지만 취업 못지않게 직장에 안정적으로 안착하고 직장내에서 성장하는 것도 중요합니다. 오랜 직장생활과 인사책임자로서 경험하고 터득한 노하우를 쉽게 정리한 이 책을 통한다면 성공적인 직장생활, 나아가서 성공적인 직장인으로서의 삶을 살아갈 수 있는 간접경험을 할 수 있다고 생각합니다. 직장생활을 잘하는 기본 원칙에서 시작하여 실천적인 방법론까지 제시하는 이 책을 이제 막 직장생활을 앞둔 분들뿐만 아니라 직장생활을 한창 하고 있는 직장인 여러분들께 추천합니다."

(법률사무소 혜율 권영실 변호사/변리사)

저는 기업을 일궈 상장 법인을 경영해 보았고, 회갑이 지나 기업, 사람, 경영을 다시 생각해 보면서 진정 소중한 것이 무엇인지 깨달을 수 있었습니다.

이 책은 제가 직원들에게 나누고 싶은 메시지를 담고 있습니다.

요즘 SNS를 통해 좋은 글들이 공유되고 있지만 이 책은 저자가 직접 써 직원에게 보낸 것으로 의미가 남다릅니다.

읽기 쉽고, 이해가 쉽고, 현실적인 문제를 콕콕 짚어 주는 이 책을 직장인뿐만 아니라 중소기업 경영자에게도 꼭 읽어 보라고 권하고 싶습니다.

(에스피컴텍 주해성 회장)

영국의 경제학자 윌리엄 베버리지는 '평범한 사람이 비범한 일을 할 수 있게 하는 것'이 리더의 역할이라고 했습니다.

이 책이 슬기로운 직장생활을 위한 나만의 리더가 될 것 같습니다.

조직생활에 지치고 고민하는 직장인을 힘차게 응원합니다. 이 책을 통해 저도 기운을 얻어 봅니다.

(우리은행 소선하 박사)

좋은 질문거리를 던져주셔서 감사합니다. 책이 알차서 한참을 읽다보니 시간이 금새 지났네요.

직장생활에 방도가 있을까 생각했는데 역시나 모든건 마음먹기에 달렸단 생각도 들고 그 방법이 한 끗 차이란 해답도 얻었습니다.

마음먹기에 달렸다지만 그 마음을 돌아볼 새 없이 바쁜 직장인, 만족하지 못하는 급여와 복지는 나의 헌신에 대한 회사의 배신이라고 생각합니다. '퇴근을 위해 출근한다'는 식의 직장문화를 다룬 통쾌한 '썰'과 '짤'은 이런 섭섭한 마음을 달래기보단 더 부채질 합니다. 행복한 삶의 터전이 돼야 할 직장이 어쩌다 '오늘도 잘 버티자'고 다짐하는 생존의 터전이 됐을까요? 저자는 잘 버티기보단 필요한 사람이 되기를 제안합니다. 한 끗 차이지만 꽤나 실용적인 방법들입니다.

(중앙일보 유부혁 기자)

누구나 직장에서의 성공을 바란다. 하지만 성공한 직장인은 많지 않다. 성공의 문을 열지 못하는 이유는 많지만 대개는 내 문제에서 비롯된다. 경영컨설턴트와 대기업 인사총괄 임원을 지낸 저자의 책을 읽다보면 바로 그 '내 문제'가 보인다. 직장생활, 피할 수 없다면 즐기면서 성공으로 가는 길을 안내하는 명쾌한 길잡이 서(書)다.

(동아일보 논설실장 박제균)

"직장생활을 어떻게 해야 할까?"

"나는 잘 하고 있을까?"

우리는 늘 자문 합니다.

"회사에서 인정받아 빨리 승진하고 연봉도 많이 받고 싶다. 나와 가족을 위해 일하며 행복하게 살고 싶다."

스스로 다짐도 해 봅니다.

"나는 왜 이렇게 안 풀릴까?"

"팀장이 의도적으로 괴롭혀. 나와 너무 안 맞아!"

때로는 신세 타령도 해 보고, 회식 때 소맥 한 잔 하며 상사 뒷담화도 해 봅니다.

"소통을 잘 하라고 다들 그러는데 구체적으로 어떻게 하라는 것인가요?"

"일을 잘 하라는데 제가 어떤 점이 부족하고 잘못했나요?"

직장생활을 잘 할 수 있는 방법에 대해 자문하고, 선배에게 듣고, 책도 읽어 보며 늘 고민합니다.

하지만 결코 쉽지 않습니다.

위의 질문, 생각, 행동이 반복되면서 우리의 직장생활은 진행형입니다. 연습도 없는 실전입니다.

조직의 규모가 크든 작든 우리는 늘 사람과의 관계 속에서 다양한 문제에 부딪힙니다. 그렇게 직장생활을 하다 보면 누군가는 조직을 떠납니다. 이직을 하기도 하고 독립하여 사업을 하기도 합니다. 사업을 한다는 것은 또 다른 '조직'을 만드는 것입니다. 그 회사를 다니는 사람에게는 똑같은 직장생활이 됩니다. 결국 내가 사장이 되어도 사람들과 함께 해야 하니 우리는 조직을 떠나서 살기 어렵습니다.

저도 마찬가지로 직장생활을 하고 있습니다. 누구나 겪는 어려움과 고민을 경험했습니다. 다만 저의 업무가 인사관리(HR, human resources) 분야이기 때문에 사람과의 관계에 대해 생각을 하고, 다양한 사례도 경험할 수 있었습니다.

직장생활이 참 어렵습니다. 사람 관계에서 상처를 받고, 뜻대로 되지 않아 좌절을 맛보며, 때로는 조직내 정치적인 상황으로 배신감과 회의감도 듭니다. 저도 겪었습니다. 그래서 직장생활을 하는 우리 스스로를 격려하고 싶었습니다. 그리고 직장생활 중에 누구나 한번쯤 겪게 될 고민을 헤쳐나가는데 조금이라도 도움을 드리고 싶었습니다.

저는 사회 초년시절 5년 동안 기업 조직에서 직장생활을 했습니다. 이후 10년간 경영컨설턴트로 다양한 회사의 경영 자문을 하였습니다. 그리고 다시 기업의 인사 최고 책임자(CHO, chief human resources officer) 역할을 하였습니다.

CHO로 역할을 하는 동안 건강한 조직문화를 만들기 위해 전 사원과 직접 소통하기로 마음을 먹었습니다. 그래서 격주(biweekly)로 목요일마다 메일을 썼습니다. "Biweekly CHO Message"라는 제목으로 메일을 보냈으며, 주요 내용은 인사제도의 개선 방안, 회사의 소식, 제가 나누고 싶은 메시지로 구성하였습니다. 메시지는 각 호에 키워드를 제시하고, 키워드별로 사례나 비유를 들어 전달하고자 하는 뜻을 담았습니다. 인사 담당 임원으로 재임한 지난 8년 4개월간 2주(biweekly)마다 빠짐없이 메시지를 보내니 퇴임 시점까지 총 216호를 보내게 되었습니다.

약속한 날짜와 시간을 지키기 위해 출장이 있을 때는 새벽에 출근해서 보내고, 어떤 날은 저녁 회식을 마치고 다시 사무실에 들어가서 오후 11시 56분에 보냈습니다.

CHO Message를 받아 본 구성원들이 회신해 줄 때 기운이 났습니다.

제가 보낸 글을 인용해 다른 모임에서 잘 활용했다고 하고, 자녀 교육이나 부부간의 갈등 해소에 도움이 되었다고 했습니다.

어떤 사원은 회사를 그만두고 싶었는데 제 메시지를 읽고 다시 기운을 얻었다는 회신도 주었습니다.

회사의 상황을 경영진으로부터 직접 들을 수 있어 좋다는 반응이 많았습니다.

제가 보낸 글을 별도의 폴더에 전부 보관 중이라는 회신을 받았을 때 더 큰 책임감을 느꼈습니다.

가끔 구성원들로부터 질문을 받기도 했습니다.

"상무님, 메시지를 직접 작성하세요?"

"작성하는데 시간은 얼마나 걸려요?" 등이었습니다.

당연히 제가 직접 소재를 찾고, 키워드를 정하고, 메시지를 정리했습니다. 내용을 직접 작성하고 이메일로 보낸 것입니다.

첫 호는 이렇게 보내게 되었습니다.

2009년 9월 1일 인사담당 임원이 되기 전에 2년여간 인사제도 및 조직문화 관련 프로젝트를 수행하였습니다. 컨설팅을 하는 과정에서 회사의 조직문화와 사람을 더 이해할 수 있었습니다. 그 때 가장 필요한 것이 '소통'이라고 느꼈습니다.

구성원과 직접 소통을 통해 낭비적인 오해를 줄이고, 건강한 조직문화를 만들고 싶었습니다. 그래서 CEO께 승인을 얻어 전 사원에게 '동보메일'을 보낼 수 있는 권한을 얻었습니다. 시스템 과부하(load)를 고려해 동시에 대량으로 메일을 보내는 것은 제한적이었으니 저는 특혜를 받은 셈이었습니다.

2009년 9월 10일(목) 첫 호로 발송된 Biweekly CHO Message 내용입니다.

『HR(Human Resources or Relations, 인사관리)의 목적은 구성원을 동기부여(motivation)시켜 행복하게 만드는 것입니다. 행복한 직원은 직무에 몰입하여 결과적으로 조직의 성과도 만들어 냅니다. 동기부여의 출발은 공정한(fair) 인사관리부터 입니다.

공정한 인사관리를 위해 '공정하다'는 개념부터 명확히 해야 합니다. '공정'은 '기여(contribution)'와 '보상(compensation)'이 균형(balance)을 이루는 상황을 의미합니다. 즉, 기여한 것보다 보상을 많이 받게 되면 '무임승차(free rider)'라 할 수 있고, 기여한 것보다 보상을 덜 받게 되면 '동기저하(demotivation)' 될 수 있습니다. 이 또한 공정한 상태라 할 수 없는 것입니다.

여기서 문제는 기여와 보상의 크기에 대해 사람마다 생각의 차이가 크다는 것입니다. 자신이 스스로를 보는 수준과 남이 나를 보는 수준에 차이가 있다는 점이 갈등과 불만족의 출발입니다. 물론 생각과 시각의 차이(gap)는 늘 있기 마련입니다. 결국 '공정하다'고 느끼기 위해서는 그 차이를 줄여 나가는 것이 중요합니다. 이를 위해 구성원 각자의 관심과 참여, 리더의 역할 등 쌍방향 소통이 중요한 것입니다. 그리고 과정도 투명해야 합니다. 또한 인사제도의 취지도 잘 설명해야 합니다. 물론 구성원 각자의 강약점을 정확히 관찰하고 피드백해야 하며, 육성을 위한 코칭(coaching)도 필요합니다. 이를 통해 회사와 구성원이 이해의 폭을 넓히고, 공동의 목표를 향해 뛸 수 있도록 해야 합니다.

각 개인의 노력도 많이 필요합니다.

스스로 자신을 알아야 합니다. 자기인식(self-awareness)이 꼭 필요합니다. 스스로 자기를 성찰(reflection)하며 강점을 찾을 줄 알고, 부족한 점은 반성할 줄 알아야 합니다. 잘못을 인정할 줄 알고, 어려운 일도 해낼 수 있다는 자신감과 긍정적인 마인드가 중요합니다.』

이렇게 첫 호를 시작하였고, 2017년 12월 마지막 호에는 '소통과 화합'을 다루었습니다.

직장생활에 필요한 많은 내용들이 있겠지만 구성원간에 소통하고 화합하는 이른바 '소화'가 무엇보다 중요함을 강조하였습니다.

기업 경영은 결국 사람의 문제이며, '소화'가 잘 되는 조직이 건강한 것이며, 건강해야 목표를 달성할 수 있다는 믿음으로 마지막 호를 구성하였습니다.

216호 동안 Biweekly CHO Message에 일관되게 흐르는 메시지는 긍정, 행복, 발전, 성과, 팀워크, 인간존중, 소통입니다.

저는 이 책을 통해 그동안 보낸 CHO Message를 공유할 수 있게 되어 기쁩니다. 한편으로는 마음에 큰 부담을 느끼는 것도 사실입니다. 그래서 아래의 질문을 스스로에게 던지며 썼던 글들을 재구성하였습니다.

"직장생활이 뭐지?"

"어떻게 해야 잘 했다고 할 수 있지?"

"직장생활을 잘 했다. 성공했다의 의미는 무엇이고, 내가 생각한 성공 방정식이 과연 일반화될 수 있을까?"

생각해 보면 직장생활에서 '성공'이라는 의미부터 사람마다 인식의 차이가 큰 것 같습니다.

제가 이 책을 통해 제안하는 성공 요소는 결코 정답이 아니라 단지 참고 사항입니다. 다만 현장에서 인사관리를 하고, 컨설팅을 하며 많은 경영자와 사원들을 만나면서 듣고 느낀 점을 정리했다는 것에 의미를 두고자 합니다.

이 책은 '직장생활 성공 방정식'과 성공에 필요한 요소, 인사 업무의 속성, 직장생활에 필요한 태도와 습관을 다루었습니다.

1부에서는 직장생활 성공을 위해 꼭 필요한 '성과를 높이는 방법', '행복해지는 방법', '존경받을 수 있는 방법'을 기술하였습니다.

2부는 이러한 성공이 결국 인사(HR) 제도 안에서 실현되기 때문에 구성원들에게 꼭 알려주고 싶은 HR의 속성에 대해 설명을 하였습니다.

그리고 3부에서는 이런 모든 것의 근간이 태도와 습관을 통해 형성되는 것이므로 이를 어떻게 쌓아 갈 지를 제시하였습니다.

'직장생활 성공 방정식'에서는 같이 생각해 볼 수 있는 질문과 성찰하며 메모할 수 있는 여백을 드리고, 성공요소별로 나의 구체적인 행동 사례를 떠 올려 보고 자기 진단을 할 수 있도록 구성하였습니다. 또한 각 요소에 대해 독자의 경험을 생각해 볼 수 있도록 하고, 필자가 생각하는 바람직한 행동(dos)과 그렇지 않은 행동(don'ts) 사례를 'Dos & Don'ts' 형태로 제시하였습니다.

책을 읽고 강의를 들으면 그 순간 동의가 되지만 나의 행동이 바뀌기는 무척 어렵습니다. 그 이유는 나의 행동이나 생각을 성찰하지 않거나, 행동의 개선을 구체적으로 생각하지 않기 때문입니다. 또한 자주 보지 않으면 금방 망각하는 것이 사람의 뇌이기 때문입니다.

그래서 저는 이 책을 통해 책에 직접 메모를 해 보고, 직장생활 중 힘들 때 꺼내 보면서 나를 챙겨 볼 수 있도록 구성했습니다. 특히, 나의 직장생활 성공점수를 몇 년동안 체크해 볼 수 있도록 설문지와 점수표도 덧붙였습니다.

이 책은 한 번 읽고 책장에 꽂아 두는 책이 되지 않았으면 합니다.

여러분 각자가 직접 쓴 메모를 다시 꺼내 읽고, 직장생활에 도움이 되시기 바랍니다. 또한 힘들고 지친 직장생활에 위로가 되고 스스로 격려하는 도구로 활용하셨으면 하는 바람입니다.

때로는 개인, 가정, 직장, 사회와 연계되어 살아가기 힘들 때, 여러분의 삶에 작은 위로와 힘이 될 수 있다면 더 바랄 것이 없겠습니다.

part 3 직장생활 성공을 위한 태도와 습관

part

1

직장생활
성공 방정식

어떻게 해야 성공한 직장생활이라고 할 수 있을까요?

직장생활은 맡은 직무(職務)에서 성과(performance)를 잘 내고, 스스로 행복(happiness)하며, 남으로부터 존경(respect) 받을 때 성공했다고 할 수 있습니다.

직장생활 성공 방정식

$$S = f (P * H * R)$$

Success   function   Performance   Happiness   Respect

직장생활 성공 방정식은 성과(P)와 행복(H)과 존경(R)이라는 3개 요소로 구성되어 있으며, 각 요소간의 곱(X)의 함수이기 때문에 어느 하나가 마이너스가 되면 전체 값이 마이너스가 됩니다.

즉, 자신에게 주어진 역할에 충실하여 탁월한 성과를 내고, 스스로 부끄럽지 않으면서 행복을 느끼며, 남으로부터 존경까지 받아야 성공했다 할 수 있을 것입니다.

직장생활에서 고위직에 올라 소위 '출세'했다고 남들이 부러워하더라도 스스로 행복하지 않을 수 있습니다. 성과를 내기 위해 남을 해치거나 부도덕한 행위를 하였다면 결코 존경 받을 수 없을 것입니다. 둘 다 결코 잘 한 직장생활이 아닙니다.

성과, 행복, 존경의 관점에서 직장생활의 성공을 위해 필요한 요소들이 있습니다. 바로 전문성(professional), 인간성(humanity), 관계(relationship) 요소입니다.

즉, 맡은 직무(job)에 탁월한 성과(performance)를 내기 위해 해당 분야의 전문가(professional)가 되어야 합니다.

그리고 스스로 내면의 행복(happiness)을 위해, 사람을 소중하게 대하는 인본주의 정신, 휴머니티(humanity)가 필요합니다.

마지막으로 다른 사람으로부터 존경(respect) 받기 위해 관계(relationship)가 중요합니다.

- 직무 관점의 성과(performance) – 전문성(professional)
- 내적 관점의 행복(happiness) – 인간성(humanity)
- 외적 관점의 존경(respect) – 관계(relationship)

성과–행복–존경의 관계도

내가 하는 일(직무 관점), 나의 내면(내적 관점), 다른 사람과의 관계(외적 관점)라는 3가지 관점에서 직장생활 성공 방정식을 풀어가야 합니다.

방정식을 구성하는 요소들 중에 명확히 해야 할 개념이 있습니다.

먼저 맡은 '직무(職務)'라는 것은 내가 직장 안에서 맡은 일을 의미합니다. 협의의 직무는 회사에서 하는 일이나 역할을 의미하지만, 광의로 가정에서의 나의 역할, 사회 구성원으로서 역할을 포괄합니다.

직장생활에서 나의 직무는 엄밀히 구분하면 내가 하는 기능(function)과 역할(role)의 합(合)을 말합니다.

예를 들어 '국내영업팀장' 자리에서 일을 하는 사람은 국내영업 이라는 기능과 팀장이라는 역할을 맡고 있다고 볼 수 있습니다. 회사의 제품이나 솔루션(solution)을 국내 고객을 대상으로 영업을 하는 기능을 수행하면서, 영업팀원들을 관리하며 팀을 이끄는 리더(팀장) 역할을 하는 것입니다. 그래서 국내영업팀장이 해야 할 과제는 국내 영업을 하는 것과 팀장 역할을 하는 것입니다. 이때 국내영업팀장의 성과는 국내 영업 실적(매출, 이익 등)이라는 재무적인 성과와 팀 조직관리라는 역할에 대한 성과도 포함하는 것입니다.

국내영업팀장으로 성공적인 직장생활의 첫번째 조건인 '성과(performance)'는 곧 영업 실적이 좋고, 팀 조직을 잘 이끌어 가는 것입니다.

여기서 성과(performance)의 개념을 좀 더 넓게 생각해야 합니다. 성과를 회사 차원의 재무적 성과만이 아닌 개인 차원의 역량(competency)을 생각해야 한다는 것입니다. 당장의 매출이나 실적, 과제 실행은 단기적 성과의 성격이 강하며, 자신의 역량을 개발하는 성과는 장기적 관점으로 볼 수 있습니다.

성과란 단기적으로 목표를 달성하는 것입니다. 문제 해결을 해 나가고 핵심성과지표(KPI. key performance indicator)를 달성해야 하는 것입니다. 장기적으로는 자신의 역량 개발을 통해 전문가로 성장해야 합니다.

다시 말해 직장생활에서 '성과'는 단기적인 재무 성과와 장기적인 개인 역량 개발을 포함시켜야 함을 의미합니다.

직무의 범위도 확대해서 볼 필요가 있습니다.

직장생활에서 성공은 물론 조직 내에서 맡은 직무에서 성과를 내는 것입니다. 하지만 직장생활도 한 개인의 삶의 일부이기 때문에 가정에서 아빠로서, 엄마로서, 자녀로서의 역할을 잘 하는 것이 포함되어야 합니다. 이 부분이 무너지면 스스로 행복할 수 없고, 존경 받을 수 없습니다. 그래서 우리는 직무의 범위를 직장생활을 포함한 가정, 사회에서의 역할까지 포함하는 것이 바람직합니다.

'행복(happiness)'은 스스로 부끄러움이 없고 만족한 상태입니다. 직장생활 안에서 행복을 찾기는 쉽지 않습니다. 궁극적인 삶의 의미를 생각할 때 직장생활 그 자체가 목적은 아닙니다. 행복한 인생을 사는데 직장은 도구이며 과정이라고 생각해야 합니다. 직장은 나의 행복한 삶을 위한 도구이기 때문에 행복하지 않은 직장은 떠나야 합니다. 물론 직장을 떠나면 더 행복해 질 것인가를 생각해 봐야 합니다. 내가 누리는 혜택과 고생을 비교 분석 후 판단해야 합니다. 직장 상사에게 혼이 나고 몸은 힘이 들더라도 급여를 받아 사랑하는 가족과 행복한 시간을 가질 때 얻게 되는 행복감이 크다면 어떻게 하시겠습니까? 무조건 싫으면 떠나는 것이 능사가 아닙니다. 직장생활은 대부분 힘들어 하고 그만두고 싶어 한다는 것을 생각해 보세요.

직장생활이 행복하기 위해 스스로 부끄러움이 없어야 합니다. 가령, 보험 계약을 하면서 고객에게 거짓으로 설명을 하고 성과를 내서 인센티브를 받았다 하더라도 양심의 가책을 안고 살아가야 한다면 그것은 결코 행복한 상태라 할 수 없습니다. 일을 통해 부끄러움이 없어야 진정한 행복을 느끼는 것이며, 직장생활도 잘 할 수 있는 것입니다. 직장생활에는 주어진 미션과 과제가 반드시 있습니다. 하지만 내 행복을 위해 일을 소홀히 하면 성과가 나쁠 것이고, 성과가 나쁘다는 것은 성공 요소의 첫번째 요소인 성과가 떨어지는 것이기 때문에 결코 성공적이라 할 수 없습니다. 단기 성과를 위해 거짓된 행동을 해서는 안 된다는 의미입니다. 또한 직장생활에서 행복을 느끼기 위해 스스로 행복하다는 생각을 갖고, 늘 감사할 줄 알고, 작은 배려와 베풂이 중요합니다. 말 한마디라도 따뜻하게 하거나 작은 정이라도 나누는 것이 행복으로 가는 길입니다. 그래서 우리는 사람과의 관계(relationship)가 중요합니다.

존경(respect) 받기가 가장 어렵습니다.

직장에서 일을 통해 목표를 잘 달성하는 사람들이 일을 하는 과정에서 남들에게 욕을 먹는 경우를 종종 봅니다. 혹자는 욕을 먹더라도 성과만 내면 된다고 말하기도 합니다. 기업은 전쟁이고 전쟁 중에 살아 남는 자만이 의미가 있다는 주장입니다. 하지만 다른 사람을 부정한 방법으로 이용하거나 성과만 내기 위해 독불장군이 되었던 사람들의 말년은 외롭고 쓸쓸합니다. 나이가 들어 갈수록 다른 사람으로부터 존경을 받고 그 이름이 빛이 날 때 직장생활은 성공했다고 할 수 있습니다.

직장에서는 단기 실적만 생각하는 사람이 있습니다. 내가 맡을 때 성과를 내면 된다는 근시안적인 접근으로 수단과 방법을 가리지 않고 단기 성과를 내는 것입니다. 하지만 몇 년 이내에 진실이 밝혀진다는 것을 잊지 말아야 합니다. 편법을 사용하고 다른 사람을 해치면서 성과를 내서는 안 됩니다. 장기적으로 칭찬 받을 행동을 해야 존경 받게 됩니다. 참 어려운 일입니다. 그래서 직장생활 성공 방정식에서 가장 어려운 요소가 바로 "존경"입니다.

직장생활 성공 방정식은 경영자나 리더에게만 해당하는 것이 아닙니다. 사회 초년생부터 적용되니 미리 생각하고 준비해야 합니다.

실무자로서 내가 맡은 일을 잘해야 합니다. 전문가가 되어야 합니다.

그리고 일을 통해 보람을 느끼고, 일을 부정하게 처리 하지 않으며 스스로 행복해야 합니다.

또한 함께 일하는 동료나 후배 사원들에게 칭찬 받을 수 있어야 합니다. 직장생활 성공을 위해 필요한 요건을 이해하는 것도 중요하지만, 자신을 잘 아는 것이 더 중요합니다. 하지만 다른 사람을 벤치마킹하면서 깨닫는 바가 클 것입니다. 다음 표를 이용하여 지인들을 떠 올려 보고 그들의 성공요인을 생각해 보면서 이 책을 읽어 나가시기를 추천합니다.

직장생활 성공 사례를 찾아보세요

이 책을 다 읽고 나서 작성해 보셔도 좋습니다. 조직 내에서 함께 일하는 사람을 떠올려 보고 일을 잘 해서 성과가 좋고, 행복해 보이며, 남에게 칭찬 받는 사람을 찾아 보세요.

Q 직장생활에 성공했다고 생각하는 사람 3명을 떠올려 보세요.

- -

- -

- -

Q 직장생활에 성공한 사람의 특징은 각각 어떤 것이 있을까요? 성과, 행복, 존경의 관점에서 특징을 기술해 보세요. 3명 각각에 대해 3가지(P·H·R) 관점에서 기술해 봅니다.

- -

- -

- -

Q 위에 기술한 특징을 바탕으로 개인의 성공 방정식 점수를 각 요소별로 0점에서 10점까지 부여해 보세요. 소수점 1자리까지 구분해도 좋습니다. 최고 점수는 1000점이 됩니다. 마이너스 점수를 주면 결과값이 마이너스가 되니 성공한 직장생활이라 할 수 없을 것입니다.

- -

- -

- -

- -

- -

이름	특징이나 장점	점수
	• • •	P : H : R : S :
	• • •	P : H : R : S :
	• • •	P : H : R : S :
공통점	성과(P)	
	행복(H)	
	존경(R)	

- 3명의 이름을 적고 그 사람의 특징을 적어 보세요.
- P·H·R 점수는 1점~10점까지 부여하세요.
- S점수는 P·H·R 점수를 곱해서 적습니다.
- 특징이나 장점은 성과, 행복, 존경의 관점에서 생각해 보세요.
- 행복 점수는 내면의 자기행복으로 스스로 부여하는 것이지만, 타인의 행복점수는 외부시각으로 임의로 부여하세요.

나의 직장생활 성공 방정식을 풀어 보세요

Q 앞의 방법으로 나의 직장생활 방정식 점수를 부여해 보세요. 왜 그런 점수를 부여하였는지 생각해 보세요. (내가 보는 나)

Q 이번에는 나에 대해 남의 관점에서 다른 사람이 나에게 줄 것으로 예상되는 점수를 부여해 보세요. 남의 관점에서 나의 모습을 3가지(P·H·R) 관점에서 기술해 보세요. (남이 보는 나)

Q 어떤 항목이 차이(gap)가 큰 지, 그 이유는 무엇이라고 생각하는지 적어 보세요.

Q 직장생활 성공을 위한 나의 다짐서. 성과를 내고, 스스로 행복해지고, 남에게 존경 받기 위해 각자 해야 할 과제, 행동 계획을 기록해 봅니다.

나	특징이나 장점	점수
내가 보는 나		P:
		H:
		R:
		S:
남이 보는 나		P:
		H:
		R:
		S:
차이(gap)		P:
		H:
		R:
		S:
나의 다짐		

• 내가 생각하는 나의 점수를 P·H·R 관점에서 각각 1점~10점을 부여하세요.
• 남이 나에 대해 어느 정도의 점수를 줄 것으로 예상하는지 각각 1점~10점을 부여하세요.
• '내가 보는 나'의 점수와 '남이 보는 나'의 점수 차이를 차이(gap) 점수로 기록하세요.

chapter **1**

성과를
높이기 위하여

직장생활의 성공은 맡은 직무에서 성과를 내는 것부터 시작합니다. 일을 통해 성과를 내고, 스스로 성장하며 보람을 얻습니다. 일을 통해 소득을 얻고, 소득으로 자신과 가족의 행복을 만들어 갈 수 있습니다. 직장에서 어떻게 하면 일을 잘 할까요? 성과를 높이기 위해 필요한 요소는 매우 많습니다. 직장생활에서 일은 결코 혼자 하는 것이 아닙니다. 함께 일하는 사람들과 소통하고 화합하는 것이 매우 중요합니다. 다음은 확실한 주특기를 가진 전문가가 되어야 합니다. 전문가는 디테일에도 강합니다. 또한 문제를 해결하고 성과를 내기 위해서는 상황 파악을 정확히 하는 것부터 시작합니다. 사실에 근거해서 판단하고 큰 그림을 파악할 줄 알아야 합니다. 성과는 실행함으로써 나타납니다. 실행이 곧 성과인 것입니다. 그래서 성과를 내야 하는 직장생활에서는 '아는 것'이 힘이 아니라 '하는 것'이 힘입니다.

소화제
조직의 '소화제'가 되세요.

저의 큰 누나가 몇 년 전 59세의 젊은 나이에 암으로 돌아가셨습니다. 그 당시 잘 아는 지인의 모친께서도 암으로 돌아가셨습니다.

안타까운 마음으로 의사에게 물었습니다.

"암은 왜 걸리는 것이죠?"

의사가 답변합니다.

"솔직히 아직 정확한 원인을 모릅니다."

답답하여 한의사 친구에게 다시 물었습니다.

"암은 왜 걸리냐?"

"그러게… 잘 모르지만 기(氣)가 막히면 병에 많이 걸려"

제 머리를 스치는 단어가 있었습니다. 바로 한자 '암(癌)'입니다.

한자를 잘 보시면 입구(口)자 3개가 중앙에 있습니다. 그런데 아래는 산(山)으로 꽉 막혀 있고, 위로는 '병들어 기댈 녁(疒)'자, 즉, 병질엄 부수로 눌려 있습니다. 바위로 누른 것처럼 입 구(口)자 3개가 꽉 막힌 형상입니다.

저는 이런 생각이 들었습니다.

'그래, 사람이 하고 싶은 말을 못하고 참고 살면 암 걸려 죽는구나. 그래서 착한 사람이 먼저 간다고 하는구나. 욕쟁이 할머니는 자기 할 말을 다 하고 사니 억척스럽게 오래오래 사시나 보네'

'저승사자는 착한 사람부터 데려 간다더니 우리 누나나 그 분 둘 다 마음이 여리고 얼마나 정이 많으셨는데…'

입 구(口)자와 같이 우리 몸의 구멍을 통해 들어 오고 나가는 것이 얼마나 중요한 지 깨닫습니다. 입을 통해 먹는 음식과 물, 콧구멍을 통해 마시는 공기가 무엇보다 중요하며, 입을 통해 뱉고 말하는 것이 얼마나 소중한 지 느낍니다.

몸에 좋은 음식을 먹고, 맑은 공기를 마시면 소화계, 호흡계 질환뿐만 아니라 많은 질병을 예방할 수 있을 것 같고, 하고 싶은 말을 하고 살면 나쁜 병에 걸리지 않을 것 같습니다.

조직도 마찬가지입니다.

함께 일하는 사람 사이에 말을 안 하거나, 못하게 하면 암(癌)에 걸리지 않을까요?

한마디로 소통이 되지 않는 조직은 곧 병에 걸려 사망할 수 있습니다. 우리가 먹는 음식이 조직에서는 정보(information)일 것입니다. 정보의 공유가 그만큼 중요하고, 정보의 비대칭성은 편식과 같은 것입니다. 또한 우리가 하는 일의 의미를 생각하는 것이 바로 공기와 같다고 생각합니다. 공기를 늘 마시고 일도 늘 하지만 그 소중함을 모를 때가 많습니다. 공기의 소중함과 같이 일의 가치를 생각하는 것이 필요합니다. 조직 내에 소통(疏通) 채널은 바로 우리 몸의 '귀'와 '입'과 같습니다. 귀로 듣고 입으로 말해야 합니다. 상사나 동료가 들어 주지 않고, 서로 눈치를 살피며 말하지 않는다면 그 조직은 암에 걸린 것입니다.

건강을 위해 소화가 잘 되어야 하듯, 조직도 '소통과 화합'이라는 두 단어의 합성어인 '소화'가 잘 되어야 합니다.

직장생활을 잘 하기 위해 내가 먼저 소화제가 되어 보세요.

할 말을 하고, 남의 말을 듣고, 정보를 나누고, 남을 먼저 돕는 것이 소화제의 역할입니다.

소통과 화합은 직장생활에서 성과를 내고, 그 직장을 오래 다닐 수 있는 최고의 비결입니다.

자기진단

Q 나는 조직에서 소화제 역할(소통과 화합의 촉매제)을 잘 한다.

1 --- 2 --- 3 --- 4 --- 5 --- 6 --- 7
그렇지 않다   그렇다

Q 내가 조직에서 소화제 역할을 하여 문제 해결을 했던 사례를 떠 올려 보세요.

✦ Dos

- 내가 먼저 소통하고, 내가 먼저 화합하세요.
- 나의 문제와 관련된 사람부터 먼저 소통과 화합을 시도하세요.
- 조직간의 문제 해결을 위해 적극 참여하세요.
- 직접 만나서 들어 보세요.
- 합의점을 찾도록 대안을 제시하고 조율하세요.

✦ Don'ts

- 남이 해 주기를 바라지 마세요.
- 내 욕심만 표현하지 마세요.
- 과거의 감정은 기억하지 마세요.
- 문제가 해결되지 않았음에도 불구하고 대충 덮으려고 하지 마세요.

W.I.S.E. Communication - 소통의 진수

커뮤니케이션을 잘 해야 함은 누구나 인식하고 있습니다. 하지만 구체적으로 어떻게 해야 할 지 고민하게 됩니다.

커뮤니케이션을 잘하기 위해 현명한(wise) 소통 방법인 'W.I.S.E Communication'을 실천해 보세요. 'W.I.S.E'는 소통을 잘 하기 위해 필요한 키워드 4가지(Why, Interim, Speedy, Ending)의 앞자를 의미합니다.

그 첫 단어는 'Why'입니다.

일을 시킬 때나 일을 받으면, 그 일을 하는 이유(why)를 상호 소통하는 것입니다.

즉, 일을 지시할 때 업무 지시 내용이 무엇인지, 전후 관계가 어떠한지, 이 일을 통해 무엇을 얻고 싶은지 등을 설명해야 합니다. 업무 지시를 받는 사람은 반드시 지시한 사람에게 배경이나 목적을 확인하는 것입니다.

직장생활은 소통의 연속입니다. 그런데 소통의 문제가 일의 목적을 확인하지 않아 발생합니다.

일을 시키는 사람은 '척 하면 알아 들어야지', '일단 해 봐', '알아서 해 보고 나중에 논의하자', '실무자가 먼저 고민해 보고 의견을 줘' 라는 형태로 업무 지시를 해서는 안 됩니다.

또한 일을 받아 수행하는 사람도 '일단 개략해서 보고 드리고 다시 하면 되지', '그런 의미일거야' 하는 생각으로 접근해서는 안 됩니다.

'Why?', '왜 이 일을 하는가', '무엇을 하자는 것인가'를 생각해 보아야 합니다. 그렇다고 상사에게 "이거 왜 하는 것입니까?" 라는 직설적인 질문을 하여 무례한 태도로 비춰지거나, 일 하기 싫어 질문하는 것으로 오해를 사면 곤란합니다.

"말씀하신 과제의 내용이나 목적이 이러 이러한 것으로 이해되는데 맞는 것인가요?" 라는 질문 방식으로 소통해야 합니다.

커뮤니케이션을 잘 하기 위한 2번째 키워드는 바로 'Interim communication' 입니다.

즉, 중간 경과 보고라고 할 수 있습니다. 업무를 지시 받은 사람은 진행 경과를 주요 단계마다 보고하고, 일을 시킨 사람은 단계별로 챙길 때 소통이 잘 되는 것입니다.

승용차로 서울에서 부산을 간다고 가정해 봅시다. 가는 길은 다양합니다. 고속도로를 이용해 대전까지 가기 전에 길을 확인하면 경부고속도로를 이용하기 쉽지만, 길을 잘못 들어 광주까지 내려가다가 부산으로 가려면 한참 돌아 가야 합니다. 광주까지 내려 가기 전에 Interim communication을 할 수 있어야 합니다.

소통은 '쨉쨉쨉(jab jab jab)'입니다. '훅(hook)' 한방에 상대가 KO 될 수 있지만, 소통은 작은 '잽(jab)'을 많이 날릴수록 효과적입니다.

공식이든 비공식이든, 대면이든 메일이든, 식사를 같이 갈 때나, 회식을 할 때 조차 중요한 업무를 공유하고 의견을 들어 보고 반영하는 것이 소통의 지름길입니다. 예컨대 점심 식사 후 팀장께 보고 할 사안이 있다면 점심 식사 때나 전후에 미리 핵심적인 사항을 공유할 수 있습니다. 사람의 성향에 따라 식사 때 일 얘기를 하면 불쾌해 할 수 있지만 안 하는 것보다 효과적입니다. 수시로 공유를 하는 사람이 일을 잘 하는 모습은 주변에서 쉽게 목격할 수 있을 것입니다.

3번째 키워드는 'S'로 시작하는 단어 즉, 'Speedy & Simple' 입니다.

커뮤니케이션을 잘 하기 위해서는 지시한 업무에 대해 빠른 대응이 중요합니다. 물론 빠른 것만이 최선이 아니고 충분히 시간을 갖고 검토해야 한다고 주장하는 사람도 있습니다. 하지만 소통은 무조건 빠른 것이 더 나은 것 같습니다. 지시한 업무에 대해 '꼼꼼히 하다 보니 시간이 많이 걸렸다'고 사후적으로 양해를 구하는 경우를 종종 봅니다. 물론 일을 잘 하기 위해 늦을 수 있습니다. 하지만 소통에서는 마이너스입니다. 시간이 걸리는 과제면 '시간이 더 걸리겠다'는 의견을 빠르게(speedy) 보고해야 한다는 것입니다. 일을 하다보면 늦어지는 경우가 종종 있습니다. 소통을 통해 필요한 시간을 확보하여 업무를 추진하는 것이 매우 중요합니다.

소통은 빠른 것과 동시에 간결해야 합니다. 간결하게 보고 할 수 있다는 의미는 사안을 충분히 이해하고 핵심을 파악하고 있으며, 전달 능력도 있다고 볼 수 있습니다. 간결하게 전달하지 못한다는 의미는 '내용을 잘 모른다', '표현력이 떨어진다', '보고자가 숨기는 것이 있다'는 의미일 것입니다. 잘 모르면 핵심을 놓치고, 잘 모르면 설명이 길어지고, 잘 모르면 앞뒤가 안 맞고, 자신감도 없어져 간결한 보고가 어려워지게 됩니다.

마지막 키워드는 E, Ending, 종료보고 입니다. 마무리를 잘 해야 한다는 의미입니다.

지시 받은 업무를 수행하고 그 결과가 어떠하였는지를 보고하는 것입니다. 모든 일에 시작과 끝이 중요하듯이 커뮤니케이션에도 완료보고가 중요합니다. 과제 수행에 대해 후속조치(follow up)를 잘 해서 '마무리가 어떻게 되었다', '그 효과가 무엇이다', '향후 어떤 일을 더 해야 한다'는 내용의 마무리(ending story)를 하는 것입니다.

마무리 보고도 그 수준을 3단계로 나눠 볼 수 있습니다.

일이 끝나고 마무리 보고를 하는 것은 기본이며, 그 정도만 하면 '하수'입니다. '중수'는 마무리 보고를 하고 일정 기간이 지나 다시 한번 상기시키며 재보고 하는 수준입니다. '리마인딩 보고'라고 할 수 있습니다. 또한 그 일과 관련된 다른 일이 있을 때 연관된 일에 대해 보고를 하는 수준입니다.

'고수'는 그 이상입니다. 기본적인 종료 보고와 향후 연관 된 일에 대해 리마인딩 보고하는 수준을 넘습니다. 고수는 보고 받은 사람이 다른 일을 할 때 참고가 될 것이라고 판단되는 정보를 미리 제공하는 수준입니다. 예측보고라고 할 수 있습니다.

상사가 의사결정을 위해 고민 중일 때가 있습니다. 이때 고수는 자신이 보고 했던 과거 내용을 머리 속에 기억했다가 상사의 의사결정에 도움이 될 것이라고 생각하는 정보를 미리 드려서 상사를 돕는다는 것입니다. 상사가 될수록 자신의 의사결정에 의미있는 정보를 제공하는 사람을 좋아합니다.

요청하지도 않고, 모르고 있던 정보를 담당자로서 기억하고 있다가 미리 공유한다면 '소통의 고수', '달인'이 되는 것입니다.

직장생활에서 성과를 내기 위해 '소통'이 결정적입니다.

일과 사람 관계가 모두 소통의 문제입니다.

특히, 업무 처리를 잘 하기 위해 과업지시를 받으면, 'Why?' 로 그 일을 하는 이유나 목적을 명확히 하고, 중간 보고(Interim report) 형태로 쨉을 많이 날리고, 빠르고 간결하게(speedy&simple) 소통하며, 마무리 보고(ending report)까지 해야 합니다.

위 4가지 첫글자를 딴 W.I.S.E communication이 직장생활을 잘 하기 위해 반드시 필요합니다.

W.I.S.E. Communication

W	**I**	**S**	**E**
Why?	Interim report	Speedy & simple	Ending

자기진단

Q 나는 W.I.S.E Communication 방법을 이해하고 잘 실천한다.

1 —— 2 —— 3 —— 4 —— 5 —— 6 —— 7
그렇지 않다   그렇다

Q 소통을 잘못하여 고생 했던 사례를 W. I. S. E 관점에서 기술해 보세요.

- 일하는 이유(why), 일의 목적, 배경, 의미를 확인하세요.
- 중간 보고를 수시로 하세요. 공식, 비공식으로 기회가 될 때마다 하세요.
- 무조건 빨리 보고 하세요. 보고가 늦어지면 시간이 걸리는 이유를 빨리 보고 하세요.
- 보고는 간결하게 핵심 위주로 하세요.
- 완료 보고 후 관련 업무가 생길 때 리마인딩 보고를 하세요.

- 일의 목적을 임의로 판단하지 마세요.
- 보고를 드렸으니 보고 받은 사람이 다 기억할 것이라 기대하지 마세요.
- 꼭 형식을 갖춰 보고해야 한다는 강박관념을 버리세요.
- 완벽하게 해서 보고하겠다는 생각으로 시간을 늦추지 마세요.
- 결재자가 당신의 보고를 기다리게 하지 마세요.

추론의 사다리(ladder of inference) - 오를수록 소화불량

지각한 김대리가 있었습니다. 팀장 눈치가 보여 살짝 들어 가려고 했는데 화장실을 다녀오던 팀장과 딱 마주쳤습니다.

팀장은 힐끗 쳐다 보며 한마디 던집니다.

"김대리, 지각이네"

김대리는 지각한 것이 죄송하여 제대로 인사와 답변도 못하고 자리로 들어 가려 합니다.

그 모습을 본 팀장은 김대리를 향해 한마디 더 날립니다.

"김대리, 지각이 많네. 직장생활 그렇게 하면 안 되지"

그 말을 들은 김대리는 황당합니다. '내가 지각을 많이 했다고? 팀장과 생활한 지난 1년 동안 딱 2번 지각한 것 같은데. 그것도 한번은 미리 전화도 드렸고. 그런데 많이?'

평소 과장이 심한 팀장이라고 생각은 했지만 너무나 황당하여 말 대꾸를 하지 않고 '죄송합니다'라고만 하고 자리에 가서 앉습니다.

그때 팀장은 자리 근처까지 와서 또 한마디 던집니다.

"김대리, 집안에 무슨 일 있어? 표정이 안 좋아 보여"

특별히 집안에 일이 있는 것도 아니고, 어제 야근으로 아침에 지각했고, 피곤해 보여서 그런지 모르겠지만 갑자기 팀장이 그렇게 말하니 더욱 놀랍고 딱히 답변할 말도 없었습니다.

그래서 김대리는 잠깐 말을 멈추고 팀장 얼굴을 한번 쳐다 보았습니다. 무슨 말이라도 해명을 할려고 얼굴을 보는 순간 팀장이 다시 말을 이어 갑니다. 이번에는 화가 난 표정으로 퍼붓듯이 말을 합니다.

"김대리, 너 회사 안 다니고 싶어? 아니면 나한테 무슨 불만이라도 있냐?"

김대리가 아니라고 말하였지만, 팀장은 다시 몰아 붙입니다. 아까 얼굴 한번 쳐다 봤다고 그러는 것일까요?

"내가 딱 니 얼굴 보니 딴 생각 하는 것 같은데, 어디 다른 회사 알아 보냐? 솔직히 말해. 나랑 일하기 싫어?"

이 말을 듣는 순간 김대리는 회사를 떠나야겠다고 결심하게 됩니다. 도저히 지금의 팀장과 같이 일할 수 없겠다고 생각하게 됩니다.

여기서 문제는 팀장의 지나친 추론입니다. 평소 김대리에 대한 감정, 불만, 불신도 있을 것 같습니다.

불신과 추론은 조직 소화불량의 원인이라 할 수 있습니다.

'추론의 사다리(ladder of inference)'라는 표현이 있습니다. 그 사다리를 한 단계 올라 갈수록 추론을 더 많이 하는 것으로 생각하면 됩니다. 사다리는 2개의 기둥이 있는데 한쪽은 긍정의 기둥, 다른 한쪽은 부정의 기둥이라고 할 수 있습니다.

위 사례에서 만난 팀장은 추론의 사다리를 많이 올라 간 것이며, 그것도 부정이나 불신의 기둥을 타고 올라 갔다고 할 수 있습니다.

지각을 했던 김대리에서 "지각했네"라고 한 것은 사실(fact)이지만, 다음 말인 "지각이 많네"에서 '많다'는 주관적인 판단인 것입니다.

얼마나 지각해야 많은 것인가요? 기준이 없습니다. 위에서 김대리는 일년에 2번 지각한 것은 인정하나, 그것이 많다고 생각하지는 않습니다. 하지만 팀장은 본인이 팀장으로 오고 얼마 되지 않아 지각을 했던 1년 전의 김대리가 생각 났는지 '지각이 많네'라고 주관적, 자의적 표현을 해 버린 것입니다.

문제는 그 다음입니다. 딱히 할 말이 없고 미안해서 말을 이어가지 못한 김대리에게 팀장은 몰아 붙이듯 추론성 발언을 연발합니다. "집안에 무슨 일 있어?" 라고 한 것, 이 정도는 팀원에게 관심도 갖고 대화의 소재를 찾기 위한 안부 정도로 이해해 줄 수도 있습니다. 하지만 다시 이어 "불만 있냐?", "회사 다니기 싫어?"로 몰아 붙이고 급기야 "얼굴을 보면 딴 생각하는 것 같다"고 표현하며 주관적인 추론을 심하게 한 것입니다.

비록 극단적인 사례일 수 있지만, 추론의 결과는 어떤 결과만 남길까요?

회사 잘 다니던 김대리를 내쫓는 격이 됩니다. 일을 잘 하고 한창 일 해야 하는 김대리는 도저히 팀장과 함께 못하겠다고 다른 회사를 알아 보는 상황까지 갈 수 있습니다.

직장생활에서 성과를 잘 내기 위해서는 추론하지 말고, 특히 사람과의 관계에서는 불신으로 가득한 부정적인 추론은 더욱 조심해야 합니다.

사실을 파악하려고 노력해야 합니다. 이를 위해 먼저 들어 보고, 상대방의 입장에서 생각해 보고, 상대방을 이해하고 돕겠다는 마음으로 직장생활을 해야 더 큰 성과를 낼 수 있습니다.

자기진단

Q 나는 추론의 사다리를 오르지 않는(추론하지 않는) 편이다.

1 ─── 2 ─── 3 ─── 4 ─── 5 ─── 6 ─── 7
추론 많다   추론 적다

Q 다른 사람이 나에 대해 추론을 하고 오해하여, 내가 마음의 상처를 받은 사례를 떠 올려 보
세요.

+ Dos

• 보이는 현상 및 사실만 말하세요.
• 상대방의 의견을 들어 보세요.
• 상대방을 이해하려는 마음으로 접근하세요.

+ Don'ts

• 내 경험으로 판단하지 마세요.
• 비약, 확대, 축소하지 마세요.
• 과거 이미지, 선입견을 갖지 마세요.

주특기
3초 안에 말할 수 있어야

"말레이시아에 신규 시장을 개척해야 하는데 누가 적임자일까?"

"김대리 있잖아요! 외국어를 잘 하고 제품도 알고, 일도 척척 하잖아요"

"사고 처리를 위한 손해 사정이 매우 어려워, 아주 복잡하게 얽혔어. 관련 법규를 누가 제일 잘 알지?

"핀테크 경쟁이 치열한데 우리 회사는 누가 이 분야 전문가죠?"

"현장 안전 관리는 박차장이 완전 베테랑이죠, 박차장이 나가 있는 현장은 그냥 믿음이 생겨요"

내가 다니는 직장에서 어떤 상황이 발생할 때 나를 찾을까요?

당신은 주특기가 뭔가요? 라는 질문에 나는 어떻게 답변하시겠습니까?

일이 생길 때 떠오르는 사람, 주특기가 뭐냐고 물을 때 3초 안에 답할 수 있는 사람이 되어야 합니다.

이를 위해 자기 전문 분야를 가져야 합니다. 해당 분야의 전문 지식을 갖추고, 경험을 쌓고, 지식을 정리해서 체계화하는 등 나만의 역량을 쌓아야 합니다. 해당 분야 전문가 그룹과 교류하고, 다양한 사례를 연구해 보세요. 한마디로 특정 분야에 미쳐야 합니다. 물론 전문성의 징표로 해당 분야 공인 자격증을 취득하거나 학위를 취득하는 것도 병행하면 좋습니다.

회사에서 찾는 사람이 많아 바쁘고 힘들다고 하는 사람이 있습니다. 하지만 찾아 주는 사람이 있는 것이 행복한 상황임을 잊지 마세요. 찾지 않는 사람은 지금의 자리조차 지키기 어렵습니다. 자리를 지킨다 하더라도 눈치밥을 먹으며 자존심이 상할 수 있습니다. 그런 눈치와 자존심조차 개의치 않는다면 직장생활에 성공했다고 할 수 없을 것입니다.

자기진단

Q 나는 명확한 주특기를 갖고 있다.

1 —— 2 —— 3 —— 4 —— 5 —— 6 —— 7
그렇지 않다   그렇다

Q 직장에서 당신의 주특기는 무엇입니까?

- 주특기를 써 먹을 수 있는 부서에서 일을 하세요.
- 주특기를 증명할 공인 자격, 학위를 취득하세요.
- 사내에 도움이 필요할 때 적극적으로 지원하세요.

✦ **Don'ts**

- 주특기를 3가지 이상 갖지 마세요.
- 회사 업무와 관련 없는 주특기를 부각시키지 마세요.

단추 - 디테일(detail)이 전문성

2년 전에 국내 유명 브랜드 매장에서 양복을 한 벌 샀습니다. 원단과 디자인이 마음에 들어 기쁜 마음으로 입고 다녔습니다. 그런데 2개월이 채 지나지 않아 소매단추가 떨어졌습니다. 3개가 나란히 붙어 있는데 중간 단추 하나가 떨어졌습니다. 단추가 어디로 가 버렸는지 찾기도 어렵고, 같은 단추를 구하거나, 수선을 맡기기도 불편했습니다. 하지만 비싼 양복이라 단추 없이도 입고 다녔지요. 올해 다시 양복을 한 벌 사야겠다고 생각하고 매장에 나갔습니다. 그 브랜드 매장 앞을 지나는 순간 과거 기억이 나면서 피해 가고 싶었습니다. 하지만 아내의 권유로 다시 들렀습니다. 판매사원은 고급원단으로 만든 옷이라며 입어 보라고 하였습니다. 피팅룸에서 옷을 갈아 입는 순간 황당했습니다. 바지의 앞 단추 하나가 없는 것입니다.

원단이 좋고 디자인이 멋진 것은 다 압니다. 하지만 저는 단추 하나로 옷을 사지 않았습니다.

그리고 돌아 오는 길에 '내가 하는 일에는 이런 현상이 없을까?'

'우리 회사 제품에는 이런 경우가 없을까?' 하는 생각이 들었습니다.

작은 일이지만 꼼꼼히 챙겨야 합니다. 맡은 업무의 완결성을 높여야 합니다.

제품의 성능이 좋은 것은 기본입니다. 하지만 고객의 만족/불만족은 아주 작은 것에서 결정될 수 있습니다. 일을 하는 것도 마찬가지이며, 리더십/인간관계 또한 마찬가지일 것입니다.

단추를 다는 일은 양복 만드는 작업 중에 부가가치가 낮은 일일지 모르지만 소비자에게는 불만 요인이 되어 다시는 그 옷을 사고 싶지 않게 만듭니다. 디테일까지 챙겨야 좋은 옷입니다.

자기진단

Q 나는 디테일(detail)에 강하다.

1 — 2 — 3 — 4 — 5 — 6 — 7
그렇지 않다   그렇다

Q 작은 업무 실수로 큰 프로젝트 수주를 놓치거나 강하게 질책을 당한 사례를 생각해 보세요. 무엇을 놓쳐서 그랬을까요?

✦ Dos
• 모든 업무를 꼼꼼히 따져 보세요.
• 다른 사람에게 위임한 업무라도 핵심은 직접 꼼꼼히 챙기세요.
• 일의 시작에서 끝까지를 훑어 보세요.

✦ Don'ts
• 그냥 맡겨 두고 방치하지 마세요.
• 별거 아닌 일이라고 소홀히 생각하지 마세요.
• 디테일은 실무자가 챙겨야지 하는 무책임한 생각을 버리세요.

연필과 지우개
모니터 끄고, 핸드폰 내려 놓으세요.

회사에서 일을 시키면 노트북부터 켜고 모니터를 쳐다 보며 한숨을 짓는 경우를 종종 봅니다.

업무 지시를 받았는데 어떻게 해야 할 지 막막하기 때문입니다.

이슈에 대해 검토하고, 보고서를 쓰라고 하면 인터넷 검색부터 하고, 보고서 작성을 위해 컴퓨터 앞에 앉을 것입니다.

물론 일을 시작해야 합니다.

최소한의 정보가 있어야 일을 할 수 있는 것은 맞습니다.

하지만 생각이 정리가 안 되고 무조건 검색부터 해 본다면 그 일하는 방식을 다시 생각해 봐야 합니다.

또한 업무 중에 카톡, 문자, 밴드 알림으로 스마트폰은 계속 울려 대고, 사내 인트라넷을 통해 찾는 사람이 생기면 집중이 안 되는 경우가 많습니다.

혹시 그런 상황을 경험하셨다면 이렇게 해 보세요.

먼저, A4지(이면지) 몇 장과 연필과 지우개를 챙겨서 조용한 곳으로 가세요. 그리고 생각을 정리하면서 백지 위에 그려 보세요. 글을 논리적으로 쓴다는 생각보다 생각을 그려 보세요. 즉, 이슈를 열거해 보거나 구조화해 보고, 인과관계나 선/후행관계를 그려 보세요. 핵심이 무엇이고 부수적인 것은 무엇인지 그려 보세요. 대안도 생각나는대로 끄적끄적 적어 보세요. 그리고 생각을 정리해 Story line을 써 보세요.

혼자 조용히, 스마트폰이나 주변의 영향을 받지 않으며 생각을 정리해 보는 습관을 기르세요. 연필과 지우개의 위력을 느껴 보세요.

특히 기획 단계, 구상하는 단계에서는 매우 중요하며, 성과를 내는 출발점이 됩니다.

자기진단

Q 나는 기획, 구상을 잘 한다.

1 — 2 — 3 — 4 — 5 — 6 — 7
그렇지 않다　　　　　　　　　　　　그렇다

Q 업무 기획, 구상이 정리되지 않아 일처리 시간이 많이 걸리고 스트레스 받아 본 경험을 구체적으로 적어 보세요.

- -

- -

- -

- 기획단계에서는 백지에 써 내려 가세요.
- 다양한 관점에서 다양한 의견, 내용을 생각하고 구조화 해 보세요.
- 이슈 해결을 위한 Story line를 설정하세요.

- 컴퓨터 모니터만 쳐다 보고 머릿속으로만 정리하지 마세요.
- 스마트폰, SNS를 수시로 확인하지 마세요.

판 - 판세를 잘 봐야 헛다리 짚지 않아요

판세를 정확히 읽고 대응책을 마련하는 것은 매우 중요합니다.

우리가 사용하는 표현 중 '이판사판', '죽을 판 살 판', '이번 판은 노다지다.' 등이 있습니다. 여기서 사용하는 음절 '판'은 순 우리말입니다. 전통 놀이를 하는 장을 가리키는 말로 '판소리', '한판 놀자', '굿판' 등에도 사용됩니다.

'판'은 현장이나 이 순간, 이 자리를 가리키는 말이라고 볼 수 있으며, 우리가 행하는 일이나 사건이 벌어지는 지금의 모습이라 할 수 있습니다. 그래서 '판세'는 현재 돌아 가고 있는 형세를 의미 합니다.

판세를 잘 봐야 정확히 판단할 수 있습니다.

판세를 잘 보기 위해서는 먼저 '관찰'을 잘 해야 합니다.

관찰을 잘 하기 위한 출발은 관찰 할 대상에 대한 '관심'입니다.

관심만으로 정확히 관찰 할 수 있는 것은 물론 아닙니다. 관찰을 하더라도 눈에 보이기 위해서는 '지식'이 필요합니다. 사전적인 이해가 없이는 '눈 뜬 장님'과 같이 봐도 보이지 않는 것입니다.

내 주변의 판세를 살펴 보세요.

내가 하는 일(직무)이나 우리 팀, 사업부에 깊은 관심을 갖고, 관련 분야 공부를 열심히 하고, 관찰하고 고민하는 것이 판세를 잘 읽고 대응하는 방법입니다.

과거에는 경험을 토대로 직감에 의존한 판단이 많았다면, 현대는 IT

기술의 발달로 데이터 분석을 통해 판세를 읽고 있습니다. 거래 정보가 많아 Big Data가 구축되고, 이를 통해 다양한 사업이나 전략을 전개하며, 딥러닝이 발달하고 있고, 인공지능(AI)도 발달하고 있습니다. 과거데이터 분석을 통해 판세를 읽고 판단하여 미래를 예측하고 있으며, 로봇을 통해 일을 시키고, 로봇이 같이 놀아 주고, 감정까지 나누는 시대가 열리고 있습니다. 판세를 읽는 능력이 커져 주식 투자도 수학자가 알고리즘을 짜서 거래하고, 인간의 감정이나 표정조차 막대한 데이터 분석을 통해 기계가 읽어 줍니다. 예를 들어 딥러닝 기술로 정상인의 입모양 분석을 통해 청각장애인도 소통할 수 있게 되는 것과 유사합니다.

시장의 판세를 읽어야 경쟁에서 이길 수 있고, 상대의 마음(일종의 심리적 판세)를 읽어야 리더십을 잘 발휘할 수 있습니다.

판세를 잘 읽기 위해 내가 하는 일에 대한 관심, 면밀한 관찰, 사전적 지식이나 해당 분야 공부, IT 기술의 활용이 필요합니다.

직장에서는 회사가 제시하는 키워드를 꼭 챙겨 보세요.

키워드를 잘 훑어 보고 그 의미를 새겨 보면 경영방침이나 철학도 이해할 수 있습니다. 회사가 돌아 가는 판을 볼 수 있지요.

회사에서 제시하는 키워드는 미션, 비전, 경영철학, 핵심가치, 공유가치, 인재상, 신년사, 조회사 등에 표현되어 있습니다. 가령, 회사에서 강조하는 키워드로 '고객만족', '혁신', '창의', '품질', '효율', '글로벌', '실행력', '커뮤니케이션', '솔루션', '직무몰입', '선택과 집중', '행복' 등이 있을 것입니다.

나를 둘러싼 우리 팀, 우리 사업부, 사업부문에서 강조 되고 있는 키워드를 찾아 보고, 키워드가 상하 조직간에 한 방향으로 정렬(alignment)되는 것이 중요합니다.

회사의 경영철학, 인재상, 올해의 경영방침, 신년사 및 각종 행사 때 인사말에 어떤 키워드가 있는지 찾아 보세요.

그리고 두루두루 파악한 내용을 토대로 '판세'를 읽도록 하세요.

자기진단

Q 나는 나를 둘러 싼 판세를 잘 안다.

1 --- 2 --- 3 --- 4 --- 5 --- 6 --- 7

그렇지 않다   그렇다

Q 내 업무와 관련된 판세를 잘못 읽어 회사에 누를 끼친 기억이 있으세요?

✦ Dos
- 사안에 대해 관심을 가지고 관찰하세요.
- IT 기술을 활용한 정보 수집을 하세요.
- 전문가, 선배사원 등 다양한 채널을 통해 판세를 들어 보세요.

✦ Don'ts
- 내 안에 갇혀 있지 않아야 합니다.
- IT, 스마트폰 등 새로운 정보 채널에 대한 두려움을 갖지 마세요.
- 사람 만나는 것을 부담스러워 하지 마세요.

추정(assumption) - 언제나 사실만을

'그녀의 머리가 젖어 있다.' 이 모습을 보고 아래와 같은 생각이 들었습니다.

'밖에 비가 오나 보네'

'갑자기 비를 맞았나'

'우산을 잃어 버린 것일까'

'집에서 방금 나왔나 보군'

'머리 감은 지 얼마 안 된 것 같은데'

위 표현 중 사실을 골라 보세요.

사실이라고 단정할 수 있는 것은 없습니다.

그럴 수 있고 아닐 수도 있습니다. 모두 가정이기 때문입니다.

'그녀가 머리를 말리지 못했다'

이것은 사실을 묘사한 것입니다.

비를 맞았는지, 샤워를 했는지, 우산을 안썼는지, 바빴는지, 언제 머리를 감았는지 등 모두 보는 사람의 자의적 판단, 즉 추정(assumption)입니다.

우리는 사실을 보는 습관을 길러야 합니다.

특히 동양적인 판단의 문화, 즉 맥락적 사고가 강한 문화에서는 사실을 구체적으로 보려는 노력이 더 필요합니다.

'척 하면 알지~', '상식적으로 그렇잖아~' 등 자기 판단을 지지하며, 확신할수록 "자기중심성"이 강한 사람입니다.

이런 사람의 특징 중 하나는 '자신은 늘 팩트(fact)를 근거로 말을 한다'고 생각하고 그렇게 표현할 때가 있다는 것입니다. 그 이유는 내가 아는 것에 대한 신념이 강해 그것이 '사실(fact)'이라고 믿기 때문입니다.

'Assume' 하지 말고 사실을 보는 습관을 길러야 합니다.

Assume의 단어를 분해 하면 ASS+U(you)+ME입니다. 너와 나사이의 'ASS' 로 표현될 수 있습니다.(비속어지만 의미 전달을 위한 표현이니 이해해 주세요.)

'Assumption will make ass out of you and me' 를 기억하세요.

추정, 가정은 사람 관계 사이에 불필요한 것들(오해, 갈등, 비효율 등)만 만들 뿐이라고 해석할 수 있습니다.

직장생활에서 성과를 잘 내기 위해서는 기획을 잘 해야 합니다. 기획을 잘 한다는 것은 '판세'를 정확하게 읽고, 관련된 데이터를 수집하고 사실에 근거하여 판단할 수 있다는 것을 의미합니다.

자의적으로 판단하기 전에 이슈에 대해 물어 보고, 들어 보고, 사실 정보를 찾아 종합적으로 판단할 수 있어야 합니다.

그래서 앞에서 언급했던 바와 같이 '연필과 지우개'를 들고 조용한 곳에서 구상을 해 보고, 전체적으로 돌아가는 현황 즉, 판세를 정확히 파악하고, 가정(assumption)을 배제하며 사실에 근거하여 판단해야 함을 다시한번 강조합니다.

자기진단

Q 나는 사실에 근거해 판단한다.

1 — 2 — 3 — 4 — 5 — 6 — 7

가정이 많은 편이다   사실에 근거해 판단한다

Q 다른 사람의 말을 듣고 내 의견을 제시했는데 전혀 상대방의 의도와 달라 곤혹스러웠던 기억이 있으세요?

+ Dos

• 끝까지 들어 보세요.
• 핵심을 파악하세요.
• 인과 관계, 선후행 관계를 파악하세요.

+ Don'ts

• 주제의 범위를 무리하게 확대하지 마세요.
• 과장하지 마세요.
• 내 생각에 동의하는 사람 말만 듣지 마세요.

실행
'성과(performance)'는 '실행하다(perform)'의 명사형!

"아는 것이 힘입니다."

하지만 아는 것만으로는 큰 의미가 없습니다.

생각이든 결심이든 실천이 없으면 소용이 없습니다. 아무것도 달라지지 않습니다.

"하는 것이 힘입니다."

생각으로 아는 것은 집을 설계하는 것과 같고, 실천하는 것은 집을 짓는 것과 같으니 결국 설계를 바탕으로 집을 지었을 때 그 설계도는 의미가 있습니다.

머리에서 팔다리까지의 거리가 가장 멉니다.

아는 대로, 말하는 대로 실천하는 것이 어려운 이유일 수 있습니다.

아무리 가까운 곳이라도 가지 않으면 다다를 수 없듯이 실천이 결과를 만듭니다.

성과라는 영어 단어를 잘 살펴 보세요.

성과, performance라고 합니다. 즉, 성과라는 것은 'perform' 하는 것입니다. 이행하고, 실행하고, 실천하는 과정이나 결과가 바로 성과(performance)입니다.

성과는 실행의 결과입니다. 아는 것, 계획하는 것만으로 '성과'라 할 수 없습니다.

자기진단

Q 나는 실행을 잘 한다.

1 ─── 2 ─── 3 ─── 4 ─── 5 ─── 6 ─── 7

그렇지 않다   그렇다

Q 아는 것이나 생각했던 것을 실행, 실천하지 않아 기회를 놓치고 아쉬워 했던 사례가 있으세요?

✦ Dos
- 아는 것은 반드시 실행하세요.
- 될 수 있는 방안을 늘 생각하세요.
- 실행해 가면서 개선 사항을 반영해 가세요.

✦ Don'ts
- 과정이 두려워 포기하지 마세요.
- 완벽하게 계획을 세운 후에 실행하겠다는 생각을 줄이세요.
- 계획을 세우고 안 되는 이유만 찾아 포기하지 마세요.

Follow up - 일을 시킨 사람은 그 일을 잘 기억합니다

가끔 상사가 시킨 일을 깜박 잊어 버리는 경우가 있습니다. 알면서 의도적으로 일을 하지 않는 경우도 있지만, 정말 까맣게 잊어 버리는 경우가 있습니다.

친구에게 푼돈을 빌리고 금방 돌려 주려 했지만 깜박하는 경우와 마찬가지입니다. 그냥 잊어 버린 것이지요. 하지만 돈 받을 사람은 잘 기억합니다. '내 돈'이니까요.

이와 마찬가지로 일을 시킨 사람도 그 일을 잘 기억 합니다.

이유가 무엇일까요?

일을 시킨 사람은 자기의 필요(need or want)에 의해 한 것인데, 업무지시를 받은 사람은 자기의 필요와 직결되지 않을 수 있습니다. 그만큼 절박하지 않을 수 있으니 잊어 버릴 수 있습니다.

일을 제때 챙기지 않아 혼이 났던 경우를 생각해 보세요.

늦어서 그런 경우가 많습니다. 일을 시킨 사람은 자기가 필요하고 궁금하기 때문에 빨리 하기를 기대합니다. 하지만 일을 받은 사람은 절박함을 모를 수 있습니다.

그렇다면 어떻게 하는 것이 제일 좋은 방법일까요?

메모 하세요. 그리고 메모 한 과제를 수시로 또는 일정 주기로 챙기도록 하세요.

'나에게 일을 시키거나 부탁한 사람은 나를 만나면 그 일이 먼저 떠오른다.'라고 생각해야 합니다.

  그래서 해야 할 일을 메모(memorandum) 하고, 그 사람을 만나면 일의 진행 결과를 공유(progressive report)하고, 가능한 빨리 결과 보고를 드리는 것이 좋습니다.

  해야 할 일을 놓치지 않는 것이 성과를 내는 기본입니다.

자기진단

Q 나는 내 일을 철저히 챙긴다.

| 1 — 2 --- 3 --- 4 --- 5 --- 6 --- 7 |
| 가끔 놓친다   기억하며 잘 챙긴다 |

Q 지시나 부탁 받은 일을 까맣게 잊어 버려 고생 했던 경험이 있으세요?

✦ Dos

• 지시나 부탁 받은 일은 메모 하세요.
• 일의 진척 상황을 기록하세요.
• 해야 할 업무(To Do List)를 주기적으로 점검하세요.

✦ Don'ts

• 내 기억에만 의존하지 마세요.
• 이메일, 문자, 카톡, 메신저 등 업무 지시 사항을 건성으로 읽지 마세요.
• 나중에 메모하지, 나중에 챙기지 하는 마음을 버리세요.

타이밍(timing) - 놓치면 의미 없어요

어떤 일은 잘 해서 칭찬을 받고, 어떤 일은 못해서 혼이 납니다. 내용에 대해 제대로 몰라 야단을 맞기도 하지만, 타이밍(timing)을 놓쳐 꾸중을 듣는 경우가 많습니다.

고객의 불만을 처리하는데 내부 승인을 위해 보고서를 작성하느라 고객응대가 늦어졌다면 이해할 수 있을까요?

입찰마감이 임박한데 경쟁 상황에 대한 파악이 늦어져 입찰가를 잘못 투찰하면 수주할 수 있을까요?

회의가 한 시간 후인데 회의 자료가 준비되지 않았다면 얼마나 답답할까요?

회사 경영에 중대한 영향을 미칠 새로운 법이 시행된다는데 그 법으로 인한 기업의 영향에 대해 시행일 이후에 보고를 드린다면 어떨까요?

어떤 사안이든 보고 받는 사람이 필요할 때 준비가 되어야 하며, 보고 받는 사람이 생각할 시간도 드려야 합니다.

결재하는 사람보다 한발 앞서 생각하고 대비하고, 보고 드려야 인정 받습니다.

직장생활에서 일은 시간(time)의 문제와 연동되어 있으며, 엄밀히 생각해 보면 타이밍(timing) 그것도 적기(right tme)의 문제입니다.

• 나는 내가 하는 일을 의사결정권자에게 얼마나 적기에 보고를 하고 있는가?

• 이를 위해 내가 하는 일에 대해 얼마나 미리 챙기는가?

• 또한 이해관계자들과 사전에 충분히 커뮤니케이션을 하는가?

자문해 보세요.

실행력과 속도 모두 무조건 '빠르다'의 의미보다 시의적절한 타이밍을 의미합니다.

보고 받은 사람보다 한발 앞선 타이밍을 설정해 두고 미리 미리 챙기면 일 잘 하는 사람이 됩니다.

자기진단

Q 나는 적기에 일 처리를 한다.

1 — 2 — 3 — 4 — 5 — 6 — 7
그렇지 않다   그렇다

Q 보고 타이밍을 놓쳐 고생 했던 경험이 있으세요?

- 보고 일정보다 일찍 일을 마무리 하세요.
- 초안을 토대로 논의, 검토 시간을 최대한 확보하세요.
- 보고 시점 전에 보고 일정을 미리 확정하세요.

- 보고 받은 사람 일정 때문에 보고가 늦었다는 핑계를 대지 마세요.
- 보고 일정에 촉박하게 업무를 처리하는 습관을 버리세요.
- 무조건 대면 보고를 해야 한다고 생각하지 마세요.

Due Date - 무조건 지킨다

일반적으로 프로젝트(project)라고 하면 '주어진 과제(이슈)를 정해진 예산으로, 정해진 기간 내에 해결해 가는 활동'이라 할 수 있습니다. 이 때 중요한 것 중의 하나가 마감 기일(due date)입니다. 즉, 경영의사결정은 적기에 이루어져야 하기 때문에 언제까지 과제를 마무리 하겠다고 정한 날짜(due date)가 매우 중요합니다.

그런데 많은 조직이나 개인이 업무 처리를 할 때 마감 기일을 소홀히 하는 것을 목격합니다. 효율적으로 일을 하며 성과가 좋은 기업일수록 업무 마감일을 정하고 이를 지키려고 노력하는 모습을 볼 수 있습니다.

내가 속한 조직은 어떤 수준이며, 나 자신은 어떠한지 생각해 보세요.

일을 해 가면서 마감일은 언제든 변경할 수 있습니다.

하지만 '마감일은 언제든 변경할 수 있다'는 생각의 습관을 버려야 합니다.

모든 일을 할 때 먼저 마감일을 정해 두는 습관을 가져 보세요.

마감일을 정하고, 해야 할 일을 고려해 역순으로 일정 계획을 세우는 것입니다.

그렇게 일을 하지만 내 의지대로 되지 않을 때가 많습니다. 하지만 일단 마감일을 반드시 지킨다는 마음가짐으로 해 보고, 최선을 다해도 어려우면 빨리 소통하고 양해를 구해야 합니다. 협의를 통해 또 다른 마감일을 정하고 그 마감일을 지키도록 노력하는 것이 직장생활에서 성과를 잘 내는 방법입니다.

Q 나는 업무 마감 기일(due date)을 잘 지킨다.

1 --- 2 --- 3 --- 4 --- 5 --- 6 --- 7

그렇지 않다   그렇다

Q 내가 업무 마감 기일을 잘 지키지 못하는 이유는 무엇인가요? 업무 마감기일을 잘 지키
려면 무엇을 개선하면 좋을까요?

✦ Dos
- 모든 일의 마감 기일을 정하세요.
- 마감 기일은 지켜야 한다고 자신과 약속하세요.
- 마감 기일 변경이 필요하면 미리 협의하세요.

✦ Don'ts
- 업무 속성상 마감 기일을 원래 못지킨다는 생각을 갖지 마세요.
- 협조해야 할 타 부서가 늦어 기일을 못지켰다는 핑계를 대지 마세요.

KPI - 핵심 과제에 '올인(all in)'하세요

직장에서 "당신의 KPI가 무엇인가요?" 라는 질문을 받을 수 있습니다.

KPI는 key performance indicator의 약자로 핵심성과지표라고 할 수 있습니다.

기업은 오래 전부터 지표에 대한 관리는 하고 있었습니다.

'측정(measure)을 할 수 있어야 관리(manage)가 가능하다', '측정할 수 없는 것은 관리할 수 없고, 관리할 수 없는 것은 개선(improvement)할 수 없다'는 주장이 무게를 얻게 되면서 지표에 의한 경영관리는 더욱 강화되고 있습니다.

캐플란과 노튼이 균형 잡힌 관리의 중요성을 주장하면서 BSC(balanced score card) 개념을 제시하였습니다. 재무적 관점의 지표를 중심으로 경영관리를 하는 것은 결과에 대한 리뷰(review)일 뿐 개선 포인트는 찾아내기 어렵다고 주장하게 됩니다. 이에 BSC 관점에서 과정 지표가 될 수 있는 고객(customer) 지표, 프로세스(internal process) 지표, 학습과 성장(learning & growth)지표의 균형을 강조하게 되었습니다.

많은 기업이 BSC 개념을 접목하여 조직 단위별 목표 관리, 개인 목표 관리(MBO)를 하고 있습니다. 결과와 과정에 균형을 두며 과제와 지표를 구성합니다. 즉, 재무적 결과뿐만 아니라 과정상의 과제를 관리하고 측정하고 개선할 수 있도록 구성되어 있습니다. 또한 많은 성과 지표(performance indicator)가 예전부터 관리되고 있었는데 기업에 너무나 많은 지표가 존재하며, 매년 비슷비슷한 지표로 관리하고 있고, 많은 사람들이 습관적으로 특정의 성과지표를 관리하고 있습니다. 하지만 경쟁은 심화되고 성과를 내기는 더욱 어려워지고 있습니다. 해야 할 일은 많아집니다. 아울러 전략을 잘 수립하는 것도 중요하지만, 전략을 잘 실행하는 것이 더 중요하다는 것을 깨닫게 됩니다. 특히, 한정된 자원으로 모든 것을 다 잘 할 수 없음을 이해하고, 선택과 집중을 강조하게 됩니다. 이에 많은 성과지표들이 있겠지만, 특별히 신경 써 관리해야 하고 이를 통해 성과에 큰 영향을 미치는 지표를 핵심성과지표(KPI, key performance indicator)로 관리하게 됩니다.

성과관리를 하다 보면 BSC 체계상에 나와 있는 전략방향(theme)-전략과제(objective)-지표(KPI)-목표(target or goal)-실행계획(initiative or action plan)을 구분하지 않는 경우가 종종 발생합니다.

예를 하나 들어 보겠습니다.

대한축구협회가 2002년에 우리가 월드컵을 개최할 때, '월드컵의 성공적 개최를 통한 국민 행복 증진 및 축구 발전 기여'라는 전략과제(objective)를 정했다면 그것을 측정하는 여러 가지 지표가 있을 수 있습니다. '경기관람자 수', 'TV시청률', '길거리응원참여자수', '안전사고건수', '수익금액수' 등도 가능하지만, 협회에서 KPI를 한국의 '월드컵 순위(rank)'를 KPI로 정할 수 있습니다. 이 때 KPI를 '월드컵대회 우승'이라고 정하면 곤란합니다. 그것은 지표가 아닌 목표가 되기 때문입니다.

캐플란과 노튼이 말한 BSC 기반의 KPI는 전략과제부터 좀 더 구체적입니다.

가령, 월드컵 4강이 되기 위해 중요한 요인을 찾고 그 중에서 핵심이 되는 일에 집중하며, 이를 측정하는 지표를 개발하라고 강조하는 것입니다.

월드컵 4강이 되기 위한 핵심성공요인이 무엇일지 파악해 봅니다. 그것이 '기초 체력'이라고 판단하게 된다면 KPI는 선수들의 '기초 체력 수준(등급, 점수)'이 되어야 한다는 것입니다. 물론 많은 지표들이 있지만 그 중에 성공에 핵심이 되는 것은 팀웍, 개인기 등이 아닌 기초체력이라고 보았고, 이를 측정/관리하는 지표가 KPI가 되어야 한다는 것입니다. KPI가 '선수기초체력지수'라고 정해지면, 기초체력 증강을 위한 목표를 수립하고, 예산도 더 지원하는 것이 바람직합니다.

BSC 관점에서 내가 하는 일의 전략과제 및 핵심성과지표는 무엇이 되어야 할 지 생각해 보세요.

직장생활에서 내가 하는 일을 분석해 보면 일상적으로 하는 일이나 갑자기 하게 되는 일이 있고, 좀 더 중요한 일과 덜 중요한 일로 구분도 가능합니다.

빨리 처리해야 할 급한 일이 있는가 하면 다소 여유있게 처리할 수 있는 일도 있습니다.

내가 하는 일과 관련해 전략과제 또는 핵심과제지표를 생각하고 그 일에 더 집중해야 합니다.

나의 업무 목표가 월드컵 4강이라고 가정할 때, 목표 달성에 가장 큰 영향을 미치는 핵심과제가 '기초체력'이며, 기초체력지수를 KPI로 삼아야 한다는 것입니다.

성과를 잘 내기 위해서는 핵심과제, 성공요인에 올인해야 합니다.

자기진단

Q 나는 핵심 과제 중심으로 일을 한다.

1 — 2 — 3 — 4 — 5 — 6 — 7

그렇지 않다   그렇다

Q 일상 업무나 과제를 처리하느라 바빴는데 정작 중요한 일을 하지 않았다고 혼이 난 경험이 있으신가요?

✦ Dos

- 핵심 과제를 먼저 처리하세요.
- 목표 달성이나 과제 해결의 핵심성공요인을 찾으세요.
- 핵심성공요인에 몰입하며 시간을 갖고 꾸준히 실행하세요.

✦ Don'ts

- 모든 일을 다 해야 한다는 생각을 욕심을 버리세요.
- 나의 일상 업무를 하느라 부서 및 회사가 중요하게 생각하는 과제를 소홀히 하지 마세요.

Success equation

$$S = f\,(\,P * H * R\,)$$

chapter 2

행복해지기
위하여

직장생활 성공을 위한 요건은 바로 나 자신의 행복입니다. 스스로 행복하지 않으면 잘한 직장생활이 아닙니다. 직장생활은 그 자체가 중요한 것이 아닙니다. 직장이라는 수단을 통해 행복을 추구하는 것입니다.

스스로 행복해지기 위해 먼저 나의 욕심이나 기대를 내려 놔야 합니다. 기대한 만큼 불만족의 크기는 커집니다. 마치 콩나물 시루에 기대라는 물을 주면 그 물을 먹고 쑥쑥 자라는 콩나물과 같습니다. 그렇게 잘 자라는 것이 바로 불만족이라는 놈입니다.

직장에서 스스로 행복하려면 내가 하는 일의 가치를 느껴야 합니다. 자부심이 생겨야 합니다. 스스로 하는 일에 의미를 계속 부여하세요. 그리고 스스로 의미 있는 일을 한다고 생각해 보세요.

스스로 행복해지기 위해 자기 관리가 매우 중요합니다. 스트레스에 대한 관리, 분노에 대한 조절 그리고 가끔 쉬어 가면서 자신을 돌아 볼 수 있어야 합니다. 또한 남에 대한 배려와 존중은 나를 더욱 행복하게 만듭니다. 지나치게 기대하지 말고, 일의 의미를 부여하며, 나를 관리하고, 남을 배려하는 것이 행복의 원천이 될 것입니다.

빼빼로데이
시루에 '기대'라는 물을 주어 키운 '불만족'이라는 콩나물

우리가 행복을 느끼는 순간을 생각해 보세요.

일상의 사소한 일에서 많이 생긴다는 것을 금방 알 수 있습니다.

불만족하게 되는 경우와 원인을 생각해 보세요.

이런 일이 있었습니다.

'11월 11일은 빼빼로데이인데 남자친구가 빼빼로를 사 주겠지'라고 생각하며 남자친구를 만나러 나갑니다. 그녀는 나가면서 좀 더 기대감이 부풀어 '멋진 손편지 카드까지 써 오면 좋겠다'라고 생각할 수 있습니다. 남자 친구를 만났습니다. 그런데 빈 손입니다. 순간 당황스러웠지만 "혹시 오늘이 무슨 날인지 알아?" 하고 물어 봅니다. '응. 알지, 빼빼로데이. 그런데 우리가 애들도 아니고 무슨 빼빼로냐? 상술에 놀아나면 되겠어!"라고 합니다.

여자 입장에서는 엄청 서운하고, 무드 없다고 생각하며, 사랑조차 부족한 것이라고 느낄 수 있습니다.

그런데 '빼빼로'는 내가 바라는 것이고, 카드도 내 바람일 뿐입니다. 남자친구의 마음은 예나 지금이나 같을 것입니다. 기대도 바람도 다 내 마음이 정한 것이고, 서운함도 내 기준에 따라 느끼는 것일 뿐입니다.

남자 친구에게 기대했던 것과 현실의 차이가 커 생긴 서운함을 강하게 표현하면 어떻게 될까요? 헤어질 가능성이 높아지지 않을까요?

부부지간에도 결혼 전에 서로에게 기대가 컸는데 결혼 후에 사람이 변했다는 얘기를 종종 합니다. 많이 서운해 하고 갈등으로 이어지면 함께 살기도 어려울 것입니다.

회사에 바라는 바가 너무 크면 현실의 부족한 점이 많이 보이고 다른 회사를 알아 볼 수도 있겠지요.

여기서 중요한 점은 너무(지나치게) 바라지 말라는 점입니다. 내 기준으로 판단하지 말라는 것이지요. 즉 내 기준대로 내 맘대로 정하는 기대치는 낮추라는 것입니다.

바라는 것에 앞서서 더 중요한 것은 내가 먼저 기대 이상으로 잘 하는 것입니다.

가정에서, 회사에서 내 역할을 잘 해야 합니다. 남에게 바라는 기대치는 낮추고, 나는 더 잘하도록 하면 상대에게 감동과 행복을 줍니다.

나는 남에게 바라지 말고, 나는 남에게 기대 이상 해 주세요.

자기진단

Q 나는 상대방(친구, 배우자, 부모, 회사 등)에게 기대하거나 바라지 않는 편이다.

1 — 2 — 3 — 4 — 5 — 6 — 7

그렇지 않다   그렇다

Q 무엇인가 기대를 했는데 실제 발생하지 않아 실망했거나 서운했던 경험이 있으세요?
언제 어떤 상황이었는지 적고, 실망한 원인도 생각해 보세요.

✦ Dos

• '세상에는 공짜가 없다'고 생각하세요.
• '내 것은 스스로 알아서 한다'는 마인드를 가지세요.

✦ Don'ts

• 미리 바라거나 기대하지 마세요.
• 기대했던 일이 실현되지 않더라도 실망하지 마세요.

좋은 회사의 조건 – '3C'를 갖춘 회사를 찾으세요?

한 생명체로 태어나 부모나 사회의 지원을 받아 성장하고, 학교를 졸업하고, 회사의 구성원이 됩니다. 입사 후 다양한 경험을 하며 성과를 만들어 가는 사람이 대부분이지만, 중간에 회사를 떠나는 경우도 있습니다. 조직 내에서 생활 하는 동안 많은 희로애락이 있을 것입니다. 조직 내 각 개인이 소중한 사람이기 때문에 구성원 모두가 행복하게 사는 것은 무엇보다 소중한 가치입니다. 그래서 조직 구성원이 행복해지기 위한 요소에 대한 연구가 많습니다.

어떤 사람은 지금보다 돈이 더 많으면 행복할 것 같다고 하고, 어떤 사람은 더 건강했으면 하며, 어떤 사람은 사회적으로 출세했으면 하고, 어떤 사람은 애인이 생겨 결혼을 하면 행복할 것 같다고 합니다. 어떤 이는 살아 있는 것만으로도 행복하다고 합니다. 자녀들이 커 가는 모습만 봐도 행복하다고 하는 사람도 있고, 내가 좋아하는 여행, 등산, 악기연주, 독서, 꽃꽂이, 요리, 운동 등 취미생활에서 행복을 찾기도 합니다.

회사 내에서 조직 구성원으로 행복을 느끼는 요소를 정리해 보면 통상 3가지 입니다.

Career, Compensation, Culture의 C로 시작하는 3가지를 지칭합니다. 즉, 내가 하고 싶은 일을 통해 전문성을 쌓아 가면서, 일을 통해 보람과 재미를 찾는 것이 Career의 관점입니다. 일을 통해 성취감을 맛보는 것으로, 일을 통해 다양한 경험을 하고, 깨달아 가고, 기술력(역량)이 쌓여 가는 과정에서 행복을 느끼는 것입니다. 더 높은 자리로 승진하여 역할이 커지는 것도 포함됩니다.

Compensation은 적정한 보상입니다. 보상은 금전적 보상과 비금전적 보상으로 나눠지며 금전적 보상은 기본급, 성과급, 각종 복리후생 등이며 비금전적인 요소는 칭찬, 인정, 사무환경 등이 포함됩니다. 보상은 위생요인(hygiene factors)으로 어느 정도 수준은 되어야 불만이 안 생기지만, 무한정 많아진다고 동기부여가 되거나 행복해지는 것은 아니라고 합니다. 하지만 한국적인 정서로 자녀교육, 주택자금 등 비용이 많이 들어 가다 보니 남과의 비교가 많아지고 불만도 커지는 것 같습니다.

Culture는 한마디로 일 할 분위기 입니다. 함께 일하는 사람과의 관계를 포함하여 일하는 방식이 모두 포함됩니다. 사람의 생각과 행동, 태도, 말 모든 요소가 포함됩니다. 리더십, 팔로워십으로 표현되는 단어들, 회의, 보고, 회식, 출퇴근, 스탠드미팅, 야유회 등 수없이 많은 활동들이 문화를 만들고, 그것이 다시 문화로 형성됩니다.

조직 구성원이 행복해지고, 성과를 내기 위해서는 3C관점에서 균형 있는 추구가 중요하며, 회사도 이들 간의 균형 있는 관리(지원)가 필요합니다. 개인마다 3가지 요소 중 중요하게 생각하는 요소가 다르며, 가중치도 다양합니다. 또한 흥미로운 것은 3C 관점에서 3가지 요소 모두가 만족스러운 조직은 찾기 힘들다는 것입니다. 내가 하고 싶은 일을 하며, 월급도 많이 받고, 분위기도 좋아 전혀 쪼지 않는(?) 이런 곳은 어디에 있을까요? 그래서 개인이나 회사는 3C관점에서 전략을 정하게 됩니다.

공무원은 안정성이 높지만 월급이 적고 일이 무료하다고 평가하곤 합니다. 물론 다 그런 것은 절대 아닙니다. S그룹은 월급은 많은데 일도 엄청 시키고, 목표관리가 철저하고 인간적으로 못해 먹을 곳이다, L그룹, H그룹은 어떠하다, 중소기업은 어떻다, 등과 같이 말할 때 3C관점에서 완벽한 곳을 찾기는 어렵습니다.

Career 관점에서 전문성을 가질 수 있도록 각자가 맡은 직무에 역량을 쌓는 것이 우선 필요하며, 준비된 사람은 타 직무로의 순환도 용이합니다. 그래서 Career는 개인 차원에서 먼저 준비하는 것이 필요합니다.

조직문화(culture)는 다 함께 노력해야 합니다. 남이 바뀌면 잘 될 것이라고 말하는 사람이 많습니다. 급여를 많이 준다고 문화가 좋아지는 것은 아닙니다. 조직문화에 가장 영향을 많이 미치는 요소는 리더십임은 틀림없고, 리더는 나 자신입니다. 팀장 이상만 리더라고 생각하지 않아야 합니다. 직급이 높을수록 영향력이 큰 것은 사실이나 우리 모두가 리더입니다. 선배사원도 후배사원의 눈으로 보면 리더가 될 수 있습니다. 그래서 전 구성원이 핵심가치에 대한 이해와 실천을 스스로 할 때 Culture 요소는 구성원을 행복하게 만들 수 있습니다. 만약 팀장이 직원 때문에 스트레스 받는다고 한다면 팀장의 행복 요소에 팀원이 영향을 미쳤다고 볼 수 있습니다.

내가 스스로 행복해지기 위해 각 개인은 3C 관점의 포트폴리오를 설정해야 합니다.

내가 하고 싶은 일을 하며 전문가로 성장할 수 있고, 함께 일하는 사람과의 관계에서 스트레스를 덜 받는 선택을 할 수 있다면 급여는 덜 받아도 좋다는 등 그 조건은 다양합니다.

'C'요소(Career, Compensation, Culture) 중에 내가 중요하게 생각하는 요소에 가중치를 더 두고 나머지 부분은 다소 부족하더라도 이해하고 만족하는 것이 행복의 길입니다.

자기진단

Q 나는 내가 선호하는 회사의 조건을 안다.

1 ─── 2 ─── 3 ─── 4 ─── 5 ─── 6 ─── 7
그렇지 않다   그렇다

Q 나의 직장 선호도를 3C 관점에서 포트폴리오를 작성해 보세요.

───

───

✦ Dos
- 내가 중요하게 생각하는 요건을 갖춘 회사를 선택하세요.
- 가중치를 정하고 선호하는 조건에 만족하세요.

✦ Don'ts
- 모든 조건이 좋은 회사를 추구하지 마세요.

나의 3C 포트폴리오

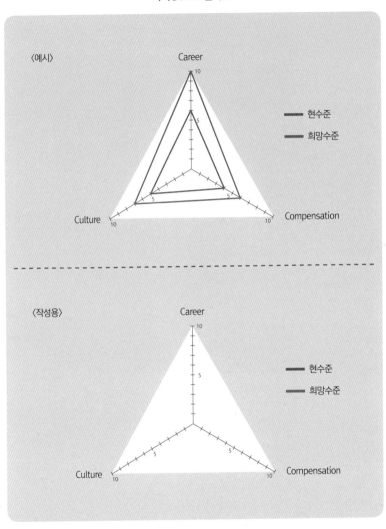

- 3C 관점에서 현재 수준과 희망 수준을 10점 척도로 표시해 보세요.
- 3개 점수를 연결하여 삼각형을 그려 보세요.

행복 - 인사고과순이 아닙니다

'행복은 성적순이 아닙니다.'라고 흔히들 말합니다.

저는 사람들을 만나 개인의 행복지수를 100점 만점에 어느 수준이라고 생각하는지 들어 봅니다. 그리고 무엇이 채워지면 더 행복해 질 것 같은지 물어 봅니다.

초등학생은 숙제가 없었으면 좋겠습니다.

고등학생은 빨리 어른이 되었으면 좋겠습니다. 좋은 대학에 가면 행복할 것 같아요.

대학생은 학비 걱정 안하고 좋은 회사 취직했으면 합니다.

사회 초년생은 예쁜 여친(잘 생긴 남친)이 있으면 행복할 것 같습니다.

30-40대는 돈이 많아 집도 있고, 좋은 차를 갖고 내가 하고 싶은 것을 하고 싶어 합니다.

40-50대가 되면 건강하고 자녀가 공부를 잘 했으면 하며 집안도 평안했으면 합니다.

50대에는 노부모님의 건강, 가정불화, 자녀교육문제로 행복은 추가하기보다 골치거리나 없어졌으면 하는 경우도 많이 보게 됩니다.

60대 역시 자신의 건강과 돈 문제를 걱정하면서 한편으로 삶을 어떻게 살아 왔는지 후회하면서 행복지수가 떨어지는 것 같습니다.

여기서 공통적으로 행복은 돈이 많고, 건강하고, 가정이 화목하면 다될 것처럼 표현되었지만 정작 행복을 주는 것은 작은 일에서부터 출발한다고 합니다.

나이가 들어 종교에 귀의하거나 봉사활동을 통해 행복감을 느낀다고 하시는 분들도 많습니다.

직장생활에서 나의 행복은 어떤 조건을 갖췄을 때일까요?

먼저 내가 하고 싶은 일을 할 때입니다.

또한 내가 성장할 때 그리고 내가 의사결정을 하며 영향력을 미칠 때 등 다양합니다.

하지만 작은 칭찬을 듣거나, 일의 의미를 느끼거나, 인정을 받을 때 더 큰 행복을 느낍니다.

함께 하는 사람과의 관계가 직장인의 행복에 큰 영향을 미칩니다.

자기진단

Q 나는 직장생활에서 행복을 느낀다.

1 — 2 — 3 — 4 — 5 — 6 — 7

그렇지 않다   그렇다

Q 내가 직장생활 중에 행복을 느끼는 순간이나 상황, 조건을 적어 보세요.

- 직장생활이 주는 행복 요소를 찾으세요.
- 직장생활 중 사소한 행복을 느끼세요.

- 불행하다고 불평하는 사람의 말을 귀담아 듣지 마세요.

김연아
그녀의 가슴을 뛰게 하는 것은 무엇일까?

김연아선수는 피겨 스케이팅 선수로 밴쿠버 동계올림픽에서 금메달을 목에 걸었습니다. 은퇴 후 평창 동계올림픽을 유치하는데 많은 기여를 하였고, 개회식에서 성화 점화를 하였습니다. 성화대 위에서의 아름다운 모습으로 온 국민을 행복하게 만들어 주었습니다.

그녀가 지금의 모습이 있기까지 얼마나 많은 노력이 있었을 지 생각해 보게 됩니다.

선수시절 잦은 부상에도 연습을 게을리하지 않고 포기하지 않았으며 결국 올림픽 금메달 획득이라는 쾌거로 우리 국민들에게 큰 감동을 주었습니다.

김연아는 어떻게 피겨 역사상 가장 위대한 선수로 인정 받고 있을까요? 무엇이 그녀를 그토록 노력하고 포기하지 않게 만들었을까요?

그녀에게 스케이팅은 '내재동기(intrinsic motivation)' 요인이 되는 것으로 보입니다. 내재동기란 행위 자체가 보상이 되는 것을 의미 합니다.

사람은 누구에게나 하고 싶은 일이 있습니다. 하면 즐거운 것이 있습니다. 하지만 '즐거운 일'이라고 하면 스포츠, 연예, 여행, 요리 등을 떠올리는 경우가 많습니다. 그만큼 지금 내가 회사에서 하는 일은 그 일 자체로 즐거움을 주는 '내재동기'가 되기 어렵다는 의미입니다. 그래서 성공한 많은 리더들은 일을 즐기라고 강조합니다. 하지만 회사의 일이 그 자체로 즐거운 사람이 얼마나 있겠습니까?

내가 하는 일이 '내재동기' 요인이 될 수 있도록 하는 비법은 내가 하는 일에 '의미(meaning)'를 부여하는 것입니다.

의미란 이런 것입니다.

회사에서 급여 및 복리후생 업무를 담당하는 여사원이 있었습니다. 직원들의 문의와 요청 사항이 많아 늘 힘들어했습니다. 주위에서 봐도 잔 일이 많고, 자신의 잘못이 아닌데도 늘 불만을 듣고 참는 모습이 보였습니다.

하지만 그녀는 항상 웃으며 전화를 받고 긍정적으로 업무를 처리해 주었습니다. 그래서 물었습니다. "어떻게 그렇게 친절하게 일을 처리하세요?" 그녀가 답합니다. "제가 직원들 월급 주는 엄마잖아요. 제 일이 얼마나 중요한데요."

그렇습니다. 그녀는 힘든 일을 하고 있지만 그녀가 맡은 일에 남다른 의미를 부여하고 있었습니다. 김연아선수도 마찬가지일 것입니다.

김연아선수는 스케이팅에 남다른 의미(meaning)를 부여하지 않았을까요?

Q 나는 내가 하는 일의 의미를 안다.

1 —— 2 —— 3 —– 4 —– 5 —— 6 —— 7

그렇지 않다   그렇다

Q 내가 하는 일의 의미를 적어 보세요. 고객이나 이해관계자 입장에서 그들이 나에게 고
마워 하는 내용 중심으로 생각해 보세요.

✦ Dos

• 내 일의 의미를 찾아 기록하고 수시로 볼 수 있도록 하세요.
• 조직 내에서 나는 존재 가치가 있다고 항상 생각하세요.
• 조직 내에서 나의 존재 가치를 높이려는 노력을 하세요.

✦ Don'ts

• 늘 하던 일이라고 생각하지 마세요.
• 직업이라 어쩔 수 없이 하는 일이라고 생각하지 마세요.

자부심 - 우리 회사, 내 일이 자랑스럽다

직장에서 만족하고 행복한 사람의 특징을 살펴 보면 스스로 자신을 사랑하며, 자신의 존재 의미를 높게 생각하며, 긍정적인 생각을 많이 하는 것을 발견하게 됩니다. 물론, 스스로를 사랑하고 존재의미를 느끼기 때문에 행복한 것일 수도 있습니다. 자존감(self esteem)이나 행복 사이의 선후행 또는 인과관계를 논하는 것은 아닙니다.

어떤 사람이 행복할까? 하는 고민입니다.

직장에서 행복한 사람은 자기 일에 '자부심(pride)'을 갖는 사람입니다.

그렇다면 어떤 조건일 때 자부심을 갖게 될까요?

자부심이 생기는 요건을 살펴 보면 스스로 하고 싶은 일을 하거나 본인이 결정권을 갖고 의사결정을 하며, 그 일이 재미있고, 부끄럽지 않으며 자랑스러워야 합니다. 특히, 내가 하는 일이 자랑스럽고, 내가 다니는 회사가 자랑스러워야 한다는 뜻입니다. 즉, 내가 하는 일이나 회사에 자부심을 갖는 사람이 몰입을 할 수 있고, 몰입하는 사람이 탁월한(exceed expectation) 성과를 내는 것입니다.

그런데 우리가 스스로 자부심을 갖기에는 우리가 처한 환경이 많이 어렵습니다. 내가 태어난 가정, 내가 졸업한 학교, 내가 속한 사회나 국가, 내가 속한 회사에 자부심을 갖기란 무척 어렵습니다. 특히 일등 주의에 빠져 대다수는 자부심을 갖기 힘든 상황입니다.

원하는 대학에 들어 가기 힘들고, 원하는 직장을 구하기는 더욱 힘들고,

좋은 배우자 만나 결혼하고, 출산하며, 자녀 키우기도 참 힘듭니다. 그래서 '3포자', '흙수저', '이태백' 등 가슴 아픈 유행어가 난무하고 있습니다.

하지만 정작 중요한 것은 지금 그걸 바꿀 수 있는지 질문해 봐야 합니다. 이미 결정된 부모님, 금수저를 물고 태어났든 흙수저를 물고 태어났든 바꿀 수 없습니다. 이미 졸업한 학교와 전공도 바꿀 수 없습니다. 내가 선택한 배우자, 내가 속한 회사나 국가는 바꿀 수 있지만 쉬운 일은 아닙니다. 대부분이 내 맘대로 바꾸거나 선택하기 어려운 것이 삶의 현실입니다. 그렇다면 주어진 상황에 대해서는 받아들이고, 미래를 준비하는게 현명하겠지요.

현재의 나의 조건을 인정하고 다시 출발해 보세요.

지금 가진 수준에서 출발하니 더 나빠질 것은 없다고 믿으세요.

그리고 남과 비교하지 않아야 내가 행복합니다.

내가 행복해지기 위해 사는데 남과 비교를 통해 불행을 느낀다면 비교할 이유가 없는 것입니다.

다만, 내가 더 힘들고 어려웠던 시절을 생각해 보세요.

그 때의 나보다 지금의 나는 더 나아진 모습일 것입니다.

혹시 부족한 점이 있다면 스스로 자존감을 세우고 격려하며, 다시 일어서면 됩니다.

자기진단

Q 나는 자존감이 강하다.

1 — 2 — 3 — 4 — 5 — 6 — 7
그렇지 않다　　　　　　　　　　　　　　　　　　　그렇다

Q 남이 나에게 잘 한다고 칭찬하거나, 나를 부러워 하는 점은 무엇인가요?

- -

- -

✦ Dos

- 내가 부족하다고 생각하는 흑역사를 잊으세요.
- 지금보다 더 나은 미래를 꿈 꾸세요.
- 직장을 다니거나 내 일이 있다는 것에 감사하세요.

✦ Don'ts

- 나보다 높은 곳만 비교하며 나를 비하하지 마세요.
- 물질적인 기준이나 눈에 보이는 것만으로 비교하지 마세요.

직장을 다니고 있거나, 직장을 구하거나, 직장을 다녀 본 경험이 있는 사람이라면 아래 질문에 답해 보세요.

직장은 나에게 (   )이다.

• 괄호 안에 적어 보세요.

Q 왜 그렇게 생각하세요?

Q 직장이 내게 어떤 의미이고, 존재인지 생각해 보세요.

Q 내가 현재의 직장을 떠난다면 어떤 상황이 전개 될 지 생각해 보세요.

장수(長壽)
오래 사는 사람과 장수 기업의 공통점

아흔이 되신 어르신을 만났습니다.

그 분은 독서와 서예를 즐기며 건강하게 살고 계십니다.

식사를 하는 자리에서 이런 말씀을 하셨습니다. "내가 60이 되던 해부터 지금까지 친구들을 지켜 봤어. 고등학교 동창 모임을 하는데 매년 한둘 못나오는거야. 수소문을 해 보니 병원에 누웠거나 세상을 떠난거야. 그래서 내가 어떤 사람이 빨리 죽을까? 생각해 봤지. 나야 박사도 아니니 연구논문으로 연구한 것은 아니고 그저 내 생각일세. 30년 지켜 보니 먼저 죽는 사람의 공통점이 보여. 죽는 것도 순서가 있는 것 같아. 물론 운명도 있는 것 같은데 팔자에만 의존할 순 없잖아"

"사람이 죽는 순서가 있다고요?"

"죽는 순서를 생각해 봤는데 첫째는 생각이 늙어 가는 순서대로 가는 거야. 며느리를 봤느니, 손주를 봤느니 하면서 나이 든 행세를 하고, 새로운 일은 무조건 귀찮아 하고, 의욕이 없어지는 순서대로 떠나는 것이지. 생각이 늙어가면 행동도 그렇게 변하고 몸도 따라 그렇게 되나 봐.

둘째는 덜 움직이는 순서대로 가는 것 같아. 집에만 있으려고 하고, 움직이기 싫어하는 사람들이 일찍 가더라. 적당한 운동과 활동이 필요해. 그래서 일이 있어야 해. 일이 있어야 걱정거리가 생기고 긴장도 하거든. 물론 육체적으로 건강해서 이성에 대한 관심이 유지되어야 하고, 부부생활에 관심이 떨어지는 순서로 먼저 죽는게 아닌가 싶어(이 대목에 본인도 낯뜨거워 하시며 건강의 상징이라고 강조하심).

그리고 셋째는 지나친 순서로 죽는 것 같다. 특히 많이 먹는 순서. 이게 중요한 요인이라 생각해. 무슨 말이냐 하면 사람은 장기가 처리할 수 있는 용량(capacity)을 타고 나는데 이걸 다 써 버리는거지. 너무 무리하게 사용하면 제 기능을 다하고 고장이 난다는거지. 소화를 시킬 수 있는 용량이 사람마다 다른데, 용량이 적은 사람이 과식을 하면 소화가 안 되지. 과음하면 간이 나빠지고, 씹지 않고 삼키면 췌장이 고생해. 운동도 적당히 내 몸에 맞게 해야 해. 운동 중독에 빠지면 자기 몸을 혹사시키는데 그건 독이야. 오히려 소식하면서 평소 약체인 듯한 사람이 오래 사는 경우가 많은데, 그건 자신이 약하다는 것을 인정하고 자기에 맞게 조절하기 때문인 것 같아"

"그렇군요. 생각을 젊게 하고, 할 일이 있고, 적게 먹어야 오래 살 수 있겠네요"

기업도 마찬가지일거라고 하시며 말씀이 이어집니다.

"회사가 장수하려면 사람들 생각이 젊고 바르고 건전해야 해.

집안도 집안 분위기에 따라 잘 되는 집과 안되는 집이 있듯이 회사도 분위기거든. 일을 잘 해 보겠다는 투지가 항상 있고, 젊은 생각들이 주도적이어야 해. 나이 많은 사람 기준으로만 하면 안되고, 조직이 나이 든 척하면 그건 먼저 가는 길이야.

사람이 적당한 운동이나 활동을 해야 하듯이 기업도 지속적인 활동이 필요해. 혁신이라고 말하는데 혁신이 목적이 아니고 이를 통해 지속적 성장이 중요해. 성장하지 않으면 오래 살기 힘들어. 그래서 회사도 계속 새로운 사업을 모색하고, 신제품이나 새로운 서비스를 개발하고 다양한 분야나 미래에 관심을 가져야 하지.

그리고 세번째는 사람도 자기 캐파(capacity) 이상으로 많이 먹으면 일찍 죽는 것과 같이 기업도 자기 형편을 벗어난 무리한 투자를 하면 한 방에 갈 수 있어. 지속적으로 성장하는 기업이 성공한 것이지 반짝 스타로 나타났다가 사라지는 것은 절대 높이 평가할 수 없어. 그래서 50년, 100년 기업을 존경하는거지. 오래된 회사는 그 안에 반드시 그들만의 비법이 있는거야."

회사는 사람이고, 그 비법이 사람관리에 있는 것 같다고 하시며 몇 말씀을 더 해 주셨습니다.

"회사는 건전한 힘의 균형이 필요해. 전문경영인과 오너의 힘의 균형, 부서간 조직간 힘의 균형, 구성원 상하간의 힘의 균형을 통해 상호 보완이 될 때 큰 힘을 발휘 하는 거야. 또 한 가지 우리 기업에게는 기술이 중요해. 결국 기술로 살아남을 수밖에 없어. 기술은 사람이 가능하게 하는 것이지. 균형과 기술을 중요시 하면서 사람을 챙겨야 장수하는 회사가 될 것이라 생각하네"

처음에는 개인이 오래 건강하게 살아야 한다는 취지에서 말문을 여셨지만, 결국 장수기업의 조건을 듣는 계기가 되었습니다. 오래 사는 개인과 장수하는 기업의 특징을 생각해 보면서 기업도 젊은 생각과 진취적 투지, 적정한 투자와 혁신, 성장, Capa(capacity)를 고려하여 무리한 투자를 지양하고 리스크(risk)를 챙겨가며 장기적으로 성장해야 함을 새삼 느꼈습니다.

자기진단

Q 나는 이 책에서 언급한 장수 요건 3가지를 갖추고 있다.

1 — 2 — 3 — 4 — 5 — 6 — 7
그렇지 않다   그렇다

Q 나는 건강하고 행복하게 오래 살 수 있을까요? 3가지 관점(생각/활동/음식)에서 생각해 보세요.

✦ Dos
• 나는 항상 젊다고 스스로에게 말하세요.
• 많이 움직이세요.
• 내 몸에 맞게 적당한 양의 음식, 술을 드세요.

✦ Don'ts
• 나보다 젊은 사람을 피하지 마세요.
• 과식, 과음을 하지 마세요.

,(쉼표) - 가끔 아무 것도 하지 말아요

멋진 연주, 아름다운 그림, 호소력 있는 연설(speech)에는 쉼표(,), 여백, 포즈(pause)가 있습니다. 그래서 연주의 클라이맥스, 그림의 포인트, 연설의 메시지가 더 가슴에 와닿고 빛나는 것입니다.

회사 생활도 바쁜 일상 속에 잠깐의 '쉼'이 있어야 '바쁨'이 가치 있게 되는 것은 아닐까요? 급할수록 돌아 가라고 하듯이 몸과 마음의 '쉼'을 통해 다른 관점에서 나를 보세요.

잠시 모든 일을 내려 놓고 일을 하지 말아 보세요. 잠깐의 심호흡을 하며 일의 본질을 생각하세요. 본질이 아닌 일, 실행 효과가 적은 일, 관행처럼 그냥 하던 일은 모두 버리세요. 일단 버린 상태에서 다시 꼭 필요한 일만 선택해서 해 보세요. 그것이 바로 혁신입니다. 그것이 효율을 높이고 일 잘 하는 방법입니다.

'쉼'이 바로 혁신의 시작일 수 있다는 생각으로 모든 것을 zero-base에서 생각하고 쓸데없는 일은 줄여야 합니다.

내가 하는 일은 꼭 필요한 일인가요?

내가 가진 많은 물품, 관계, 걱정 모두 꼭 필요한 것인가요?

쉼표(,)를 던지며 내려 놓고 버려 보세요.

Q 나는 평소 문제의 본질을 생각한다.

> 1 --- 2 --- 3 --- 4 --- 5 --- 6 --- 7
>
> 그렇지 않다   그렇다

Q 혼자 조용히 1개월을 쉴 수 있다면 무슨 일을 하고 싶으세요?

✦ Dos

• 가끔 혼자만의 시간을 가지세요.

• 그냥 쉬세요.

• 고민되는 일은 일의 본질, 처음 단계의 상황을 생각해 보세요.

✦ Don'ts

• 고민 거리를 들고 쉬러 가지는 마세요.

• 고민을 위한 고민도 하지 마세요. 낭비입니다.

스트레스 – '감사합니다'를 입에 달고 산다면

"스트레스가 쌓이면 어떻게 푸세요?" 라는 질문을 가끔 합니다. 또한 어떤 상황에서 스트레스가 생기는지, 트라우마(trauma)가 있는지, 있다면 이를 극복한 사례도 들어 봅니다.

스트레스가 무엇인지 알고 대응하는 것이 필요합니다.

현대 직장인은 춥고 배고프고 생명의 위협을 느끼는 원초적인 부분은 대부분 해결되고 있습니다. 문제는 산업화 되고, 자본주의가 발달하고 경쟁이 심화되면서 돈이나 인간관계로 인한 스트레스를 많이 받게 됩니다.

한마디로 '상처' 받고, '열' 받을 가능성이 큰 것입니다. 심리학에서도 스트레스를 마음의 상처라고 하며, 상처이기 때문에 치유를 하더라도 흉터가 남을 수 있다고 합니다. 하지만 세월이 지나면 흉터가 옅어지듯이 스트레스도 많이 잊혀집니다.

직장생활을 하면서 나타나는 다양한 현상도 스트레스 때문입니다. 두통이 생기고, 뒷목이 굳거나, 어깨가 뭉치고, 목이 붓고, 입술이 터지며, 입이 마르고, 가래가 생기며, 소화도 안 되고, 잠이 안 오거나, 손발이 시리고, 잔기침에 가슴통증을 느끼는 등 모두 스트레스로 인한 증상이라고 합니다.

스트레스를 안 받는 사람은 없을 것이나 그 스트레스를 얼마나 받아들이느냐는 내 마음이 결정합니다. 타고난 속성도 있지만 평소 생각의 습관이나 생활 습관도 영향이 클 것입니다.

'내 가족이 죽은 것도 아니니 이 정도 스트레스는 큰 게 아니야' 라고 생각하고, '전화위복의 계기가 될 거야', '좋은 날 오겠지', '나만 힘드나?', '내가 스스로 잘 할 수 있어', '그래도 난 복이 많고 행복하지', '스트레스 그거 다 내가 만든 것이잖아' 하는 마음가짐으로 '회복탄력성'을 높여야 합니다.

또한 신선한 야채와 과일과 같은 몸에 좋은 음식을 먹고, 비타민이나 미네랄 등의 영양을 보충하고, 적당한 운동을 하고 물을 많이 마셔 대사를 돕고, 남에게 봉사하며 즐겁게 생활하는 것이 중요합니다. 성격은 DNA에 의해 결정되거나 어릴 때 형성되어 참 고치기 어렵습니다. 하지만 행복을 느끼는 작은 근육은 생활 습관이나 작은 실천으로 단련할 수 있으니 스트레스를 이겨 낼 수 있습니다.

또한 작은 일에 행복을 느끼고 감사할 줄 알면 스트레스가 적어집니다.

일을 잘못하여 팀장에게 질책을 받고 스트레스를 받지만, 그 팀장이 대신 임원에게 보고하며 바람막이가 되어 주니 감사한 일입니다. 고객이 진상이라고 느껴질 때 그 고객이 우리 회사 제품을 이용해 주고, 내가 월급을 받을 수 있게 만들어 준다고 생각하면 감사하게 됩니다. 함께 일하는 직장 동료가 일을 하는 과정에서 쓴소리를 하는 것도 '나를 도와 주려고 그러는구나'라고 생각하면 감사할 일입니다.

"우리 제품을 이용해 주셔서 감사합니다."

"내가 잘못한 것을 피드백해 주셔서 감사합니다."

"업무 처리를 도와 주셔서 감사합니다." 등 감사의 표현을 충분히 해 보세요.

"감사하다"는 말 한마디는 듣는 사람에게도 힘이 되지만 결국 나를 행복하게 만듭니다.

Q 나는 스트레스를 잘 관리한다.

1 ─ 2 ─ 3 ─ 4 ─ 5 ─ 6 ─ 7
그렇지 않다　　　　　　　　　　　　　그렇다

Q 스트레스를 푸는 방법이나 비결은 무엇인가요?

✦ Dos

- 감사, 긍정의 말을 자주 하세요.
- 좋았던 기억을 떠 올리세요.
- 다른 사람의 잘못은 용서하세요.

✦ Don'ts

- 스트레스를 증폭시키지 마세요.
- 스트레스를 억지로 만들지 마세요. 스트레스가 없는 사람도 있습니다.

분노 - 왜 화를 내고 그래요?

"별 거 아닌 일로 왜 화를 내고 그러세요? 말로 하시면 되지"

위 표현에 분노의 속성과 해결책이 포함되어 있습니다.

분개하여 화를 낸다. 또는 성을 낸다는 의미가 분노(憤怒)입니다.

분노의 속성은 먼저 '별 거 아닌 일'이란 표현에서부터 찾아 볼 수 있습니다. 내가 볼 때 별 거 아닌 일이 남의 눈에는 큰 문제일 수 있지요. 그래서 사람마다 화를 내는 상황이나 내용이 다르고, 화를 내는 방법도 다양합니다. 화가 나면 얼굴이 붉어지거나, 혈압이 오르고 안압이 높아지거나, 표정이 변하거나 몸이 떨릴 수 있습니다. 큰소리를 질러 분노를 표현하기도 하지만 아예 말을 하지 않거나, 때로는 폭력을 행사하기도 합니다.

사람마다 외부 자극에 인내 하는 수준이나 스트레스에 대한 내성(tolerance)의 차이가 큽니다. 아주 민감하여 사소한 일에도 화를 내거나 또는 금방 웃는 사람이 있는가 하면, 웬만한 일에는 미동도 없는 사람이 있습니다. 즉각 반응하는 사람이 있는가 하면, 한참 후에야 반응이 있는 사람도 있습니다.

하지만 반응 수준이 통념적 상식을 벗어 난다거나, 자신도 모르게 극한 행동이 나오는 것은 장애입니다. '분노조절장애'는 치료해야 할 증상입니다. 최근에 묻지마 범죄, 분노조절장애에 따른 범죄 등 사회 문제가 심각합니다.

분노를 다스리는 해결책은 '말로 하면 된다'에서 찾아 볼 수 있습니다.

말로 하면 되기 때문에 말할 대상이 필요하며, 그 대상과의 신뢰가 중요합니다. 그래서 조직 내에서도 사람과의 관계가 무엇보다 중요하며, 관계 속에서 내 말을 들어 주는 사람이 있어야 합니다. 집단따돌림(왕따)은 분노조절장애나 '묻지마' 행동(또는 범죄)의 원인이 될 수 있습니다.

사람과의 관계 속에서 내 속마음을 털어 놓을 수 있는 사람이 필요합니다. 가정에서도 부모 양쪽 모두가 자녀의 말을 들어주지 않으면 그 자녀는 위로 받고 인정 받을 외부 사람을 찾아 나설 것입니다.

분노는 누구에게나 나타날 수 있는 현상으로 자기 의사 표현 또는 자기 보호 본능의 현상일 수 있습니다. 다만 조절 장애는 질병으로 봐서 다스려야 하며, 이를 해결하기 위해 의사와 상담을 해야 합니다.

하지만 직장생활에서는 사람과의 관계를 만들고, 대화하며, 인정하고 인정 받는다면 분노는 없어질 것입니다.

자기진단

Q 나는 화를 잘 내지 않는다.

1 — 2 — 3 — 4 — 5 — 6 — 7
그렇지 않다   그렇다

Q 사소한 일에 화를 내고 후회했던 경험이 있으신가요?

- 외부로부터 오는 자극에 '그럴 수도 있다'는 마음을 항상 가지세요.
- 사실 관계나 상황을 먼저 파악하세요.
- 내 감정을 차분히 정리 후 표현하세요.

- 즉각적인 반응을 보이지 마세요.
- 내 기준으로 판단하지 마세요.

휴머니즘(humanism)
잭웰치도 결국 휴머니즘을 외친다.

조직은 유기체입니다. 유기체는 생명을 지니고 있는 것을 가리킵니다. 생명체는 주로 유기화합물로 구성이 되어 있으며, 유기화합물이란 탄소를 중심으로 결합되며 다양한 형태를 띱니다.

조직(organization)도 유기체(Organ)의 속성을 지니고 있다는 뜻에서 영어 Organization으로 표현합니다.

유기화합물이 탄소(C)원자를 중심으로 이루어져 있다면 조직은 사람(people)이라는 요소를 중심으로 구성되어 있습니다. 그래서 사람 개개인의 속성이 중요하고, 그 개별 사람들간의 관계가 어떻게 작용하느냐가 중요합니다. 그렇게 나타나는 개인과 조직의 행동적 특성이 곧 문화가 되는 것입니다. 그래서 사람 관계(human relationship)에 이상이 생기면 불행해지고, 비효율이 생기며, 더 심해지면 관계가 끊어지게 됩니다.

퇴직 면담을 해 보면 '관계'가 얼마나 중요한지 느낍니다.

'회사에 비전이 없다. 나의 미래가 어둡다. 리더에게 배울 점이 없다.

내가 하고 싶은 일을 하며 살고 싶다'는 의견이 퇴직자들의 공통점입니다. 회사에 대한 신뢰(trust)가 부족하고, 자기 일에 보람과 가치를 느끼지 못하고, 함께 일하는 사람들과 관계가 좋지 않을 때 나타나는 현상들입니다. 특히, 조직에서 외롭다고 느끼거나 인정 받지 못한다고 느낄 때 개인은 조직을 떠나게 되거나 돌출행동을 하게 됩니다.

이런 특성으로 인해 조직 안에 인간미, 따뜻함은 무엇보다 중요한 가치입니다. 한마디로 휴머니즘이 필요합니다. 그것도 가까이 있는 사람, 즉 1차 관계자와의 관계가 가장 중요합니다. 그만큼 늘 함께 지내는 옆자리 동료, 파트장, 팀장, 선배사원과의 관계가 결정적 영향을 미칩니다.

물론 조직 차원에서 사람을 소중히 여기며, 사람을 중심으로 우선 고려하며, 사람의 역량을 고려해 판단하며, 필요한 역량을 지속적으로 키워 가면서, 적재적소에 사람을 배치해야 합니다.

중성자탄이라는 별명을 가졌던 GE의 잭웰치는 한 때 다양한 혁신 프로그램을 개발하고 기업을 인수합병, 매각하며 경영의 귀재라 평가 받았습니다. 하지만 지금은 비난의 목소리가 많고, 본인 스스로도 후회와 반성을 하며, 결국 사람에 대한 존중, 휴머니즘이 없이는 성공할 수 없음을 인정하였습니다.

결국 휴머니즘, 인간존중, 인본경영이 가장 중요한 것이라 생각합니다.

하지만 인간존중의 경영이 그냥 편하게 잘 해 주며, 성과책임에 대해 부담을 주지 않는 것으로 인식되어서는 안 됩니다.

휴머니즘이 중심이 되는 조직이 되기 위한 전제가 몇 가지 있습니다.

먼저 인간존중의 마인드가 강한 사람으로 조직을 구성해야 합니다.

인본주의 성향이 강한 사람이 상대방을 잘 배려하며 그들과 협업하여 성과를 잘 내는 것입니다. 조직은 유기체이기 때문에 조직을 구성하는 탄소 원자와 같은 개인 개인을 잘 뽑는 것이 출발입니다.

둘째는 리더의 구성과 리더십입니다. 리더는 반드시 사람을 우선으로 생각하며, 함께 일하는 사람을 먼저 행복하게 만들어서 조직의 성과를 낸다는 인식이 필요합니다. 시스템이나 KPI(핵심성과지표) 관리로 성과를 내는 것은 좋은 도구지만 지속적인 발전을 위해서는 사람의 마음을 먼저 얻어야 합니다.

그래서 리더십은 다른 사람의 마음을 움직여서 성과를 내게 하는 능력이라고 할 수 있습니다.

셋째는 파트너십 정신의 실천입니다. 즉, 함께해서 더 큰 성과를 내야 합니다. 이를 위해 내가 먼저 나의 역할을 잘 수행한 이후에 상대에게 요구해야 합니다. 내 역할이나 내 밥값도 못하면서 파트너십을 요구할 수 없고 휴머니즘을 기대하기 어려울 것입니다. 이 항목은 일종의 팔로워십과 같은 개념으로 전 구성원 각자가 자기 몫을 잘 해 줄 때 인간존중의 경영은 완성될 수 있을 것입니다.

행복은 함께 하는 사람관계에서 영향을 받습니다. 관계에는 휴머니즘, 따뜻함, 인정과 배려가 더 많아야 합니다.

휴머니즘이 사람관계의 핵심이며, 사람의 마음을 얻는 것이 일 잘 하는 비결입니다.

Q 나는 사람을 소중히 여긴다.

1 — 2 — 3 — 4 — 5 — 6 — 7
그렇지 않다   그렇다

Q 사람을 소중히 여기고 배려하며 행동했던 사례를 적어 보세요. 다른 사람을 배려하여 감사의 말을 들어 본 경험을 적어 보세요.

✦ Dos

• 사람이 가장 소중하다고 생각하세요.
• 사람 관계가 직장생활에서 가장 중요함을 기억하세요.
• 함께 하는 사람의 능력을 믿으세요.

✦ Don'ts

• 사람을 미워하지 마세요.
• '직장에서 만난 사람은 일로 만난 사람이니 같이 일만 하면 된다.'는 생각을 버리세요.

안전 – 잊으면 모든 것을 잃습니다

차를 탔을 때 안전벨트를 착용하지 않으면 시동이 안 걸리고, 움직이지 않는다면 어떨까요?

당연하다는 응답이 많을지, 불편하다고 느끼는 응답이 많을지 궁금합니다. 주위를 돌아보면 안전벨트를 매지 않았을 때 나는 경고음(삐이~삐이)조차 시끄럽다고 카센터에 가서 임의로 조작해 버리는 운전자가 있다는 말을 들었습니다. '불편하다'고 응답할 운전자가 있을 것 같습니다.

차조심, 불조심, 감기조심 등 조심하라는 말이 많습니다. 골목길에 개조심하라고 적어 둔 곳도 있고, 산이나 골프장에 가면 뱀조심, 고갯길을 가면 낙석주의라고 표시되어 있고, 장마철에 감전사고도 주의해야 하는 등 조심할 게 무척 많습니다.

유심히 관찰하면 우리 주위에는 '조심(주의)' 표시가 꽉 깔려 있지만 눈에 들어 오지 않습니다. 조심하라는 말을 늘 듣고, 또 조심하라는 말을 입에 달고 다니지만 과연 우리는 생활 속에서 안전을 얼마나 인식하고 주의하는지 살펴볼 필요가 있습니다.

모 외국계 회사에서 공장 운영에 대한 자체 안전(safety) 진단을 받았습니다. 국내 관련 법규에 이상이 없도록 조치하고 있지만 그 회사의 Global Policy(규정)에 적정하지 않다는 지적을 받았다고 합니다. 순간 감사를 받던 사람이 얼굴이 화끈거렸다고 합니다. 우리 나라, 우리 기업, 우리 국민의 안전에 대한 인식 수준이 이 정도였구나 하는 깨달음에서

이지요. 생명의 소중함에 대해 얼마나 깐깐하게 관리하는지 알게 되었고 많이 배웠다는 이야기를 전해 들었습니다.

직장 내 나의 안전 수준을 점검해 보세요.

작업장에서 안전모와 안전화를 착용하고, 안전 지역을 횡단하는 등 안전 수칙을 반드시 지켜야 합니다. 사무실 내 엘리베이터, 에스컬레이터 운행 수칙도 지켜야 합니다. 사무실에서 사용하는 온풍기, 선풍기 등 냉난방 기기의 사용에도 항상 주의해야 합니다. 뿐만 아니라 업무 관련 출장이나 외출할 때 차량을 이용한다면 안전운전은 기본입니다. 회식이나 사내 식당의 음식물에 대한 안전, 출퇴근 중 교통 안전도 습관적으로 지켜야 합니다. 체육대회나 야유회 등 사내 행사를 할 때 다치지 않도록 배려하고 조심하는 것도 직장인으로서 책임이라는 마음가짐으로 안전을 최우선 고려해야 합니다.

직장생활을 행복하게 영위하기 위한 최소 요건이 '안전(安全)'임을 잊지 마시기 바랍니다.

직장에서의 안전은 결국 각자가 챙겨야 합니다.

Q 나의 근무 환경은 안전하다.

1 --- 2 --- 3 --- 4 --- 5 --- 6 --- 7
그렇지 않다   그렇다

Q 직장 내 나의 안전을 위협하는 요인은 무엇인가요?

+ Dos

- 효율보다 안전을 우선 생각하세요.
- 비상 상황을 고려해서 안전 대책을 세우세요.

+ Don'ts

- 늘 하던 일이라고 방심하지 마세요.
- 설마하는 마음으로 규정을 어기거나 무리하지 마세요.

Success equation

$$S = f (P * H * R)$$

chapter **3**

존경 받기
위하여

나는 어떤 향기를 가진 사람일까요?

회사에서 집에서 사회에서 나의 향기는 어떻게 느껴질까요?

나는 나만의 향기가 있고, 가정에도 집안의 분위기가 있으며, 회사에도 고유한 향기가 있습니다. 한 회사 안에서도 부서마다 분위기가 다릅니다.

향기는 강렬하기도 하고, 은은하기도 합니다. 오래 가는 향도 있고 금 방 사라지는 향도 있습니다. 때로는 특별한 향이 느껴지지 않거나, 가끔 구린내가 나는 경우도 있습니다.

사람의 향기는 눈빛으로 뿜어지며 행동으로 보이고, 얼굴에 나타나는 것 같습니다.

어떤 생각과 행동을 하느냐에 따라 그 사람을 통해 느껴지는 향은 다를 것입니다. 순간 강한 향을 가진 사람도 있고, 은은하게 오래 가는 향을 가진 사람도 있습니다. 어떤 산업이나 사업을 하며, 개인적으로 어떤 직무를 수행하느냐에 따라 요구되는 향기, 적합한 향기도 있을 것입니다.

오래 오래 은은하고 깊이 있는 향을 가진 사람이 되었으면 합니다. 멀리보고, 진정성을 갖고, 전문가로 성장하며, 더불어 큰 성과를 내는 사람의 향기는 영원할 것입니다. 사람 냄새 나면서 성과를 내는 것은 어렵긴

하지만 사람들은 그런 사람을 좋아합니다.

나의 향기는 평판이 되어 내게 돌아 옵니다.

평판을 귀담아 들어 보고 내가 모르는 나를 찾도록 해 보세요.

남 얘기, 한 마디로 '평판(評判)'입니다. 평판(評判)은 한자를 뜯어 보면 말(言)로 표현하며 평평(平)하게(공평하게) 하고, 다시 칼(刀)로 자르듯 분명하면서도 공평하게(平) 가르다(判)는 뜻을 지닙니다. 영어의 reputation은 re-putation이 될 수 있으며 putation은 putare(생각하다)의 명사형으로 볼 수 있으니 다시 또 생각하고 생각하여 즉 심사숙고하여 평가하는 것이라 할 수 있습니다. 그만큼 신중을 기해야 하며 한마디 평가라도 조심해야 합니다.

평판은 늘 조심스럽게 하기 때문에 다른 사람이 나에게 하는 피드백은 겸허하게 고려해 볼 가치가 있습니다.

'요하리의 창(Johari window)*'은 나와 남의 관점에서 보는 자아인식(self-awareness)에 도움을 줍니다. 나와 남이 다 아는 부분이 있고, 나와 남이 모두 모르는 무의식의 영역이 있고, 나만 아는데 남이 모르는 감춰진 자아(hidden self)가 있다고 합니다. 마지막으로 남은 아는데 나만 모르는 영역인 Blind self(맹목자아, 눈먼자아 등)가 있는데 평판 중 부정적 내용은 남은 아는데 나만 모르는 Blind self 즉, 눈먼자아가 많다는 특징이 있습니다.

---

* 요하리(Johari)의 창 : 자기 자신과 다른 사람의 관점에서 아는 부분과 모르는 부분에 의해 4가지 영역(창)으로 분류하여 내가 어떤 상태에 처해 있는지를 보여주고 어떤 면을 개선하면 좋을지를 보여주는 분석틀입니다. 요셉 러프트(Joseph Luft)와 해리 임햄(Harry Ingham)이라는 두 심리학자의 이름 앞부분을 합성해 만든 용어입니다.

남이 인식하여 내게 말하는데 나는 인지하지 못하고 있는 나의 모습은 무엇일까요? 그것을 찾아서 자신을 알고 개선 노력을 할 때 훌륭한 사람으로 평판을 받고 존경을 받을 수 있는 것입니다. 평판 대상에 예외는 없습니다. 누구에게나 적용되는 요하리(Johari)의 창, 그 중에도 'Blind self'와 '평판(reputation)'을 늘 챙겨 보는 것은 리더십 발현에도 필수 요소입니다.

직장생활 성공 방정식에서 가장 어려운 부분은 남으로부터 '존경' 받는 것입니다.

그러면 다른 사람으로부터 존경을 받으려면 어떻게 하면 좋을까요?

관계
"엄마가 미워서 공부하기 싫어"

어떤 학습코치가 공부를 하지 않는 아이와 상담을 하였습니다.

공부하기 싫어하는 아이에게 "넌 왜 공부하고 싶지 않니?"라고 물었더니 "제가 공부를 해서 성적이 오르니 엄마가 좋아해서요. 그래서 공부하기 싫어요"라는 답변을 들었다고 합니다.

부모로부터 관심과 사랑을 받고 싶어, 자기 입장을 좀 이해해 달라는 시위가 바로 공부하지 않는 것이었습니다. 그것도 자기가 미워하는 사람이 좋아하는 일을 하지 않으려는 것이지요.

이해와 관심과 사랑을 갈구하지만 아직은 어려 돌출행동을 선택했을 뿐입니다. 자연스러운 표출이라고 할 수 있습니다.

그 아이도 공부를 잘 하고 싶어 했고, 대학도 원하는 곳에 가고 싶어 했다고 합니다. 다만 지금은 부모가 하라는 공부나 추천하는 전공은 싫은 것이었습니다.

그래서 공부를 하라고 강요하기 전에 관계부터 개선해야 합니다.

직장생활도 마찬가지입니다. 직장 내에 사람과의 관계에서 스트레스가 생깁니다.

일하기 싫어지게 만드는 누군가가 있을 수 있습니다.

일을 더 재미있게 신나게 하기 위해서는 사람과의 관계부터 개선해야 합니다.

혹시 나와 함께 하는 동료나 후배 사원, 조직원이 일을 열심히 하지 않으면 나와의 관계에 문제가 있는지 먼저 점검해 보세요. 그리고 관계부터 개선해 보세요.

자기진단

Q 나는 직장 상사나 동료와의 관계가 좋다.

1 — 2 — 3 — 4 — 5 — 6 — 7
그렇지 않다   그렇다

Q 직장에서 사람이 싫어 일을 열심히 하고 싶지 않았던 경험이 있으세요?

✦ Dos

- 불편한 관계가 있다면 솔직히 말을 하고 푸세요.
- 내 입장을 분명히 말해서 오해가 없도록 하세요.
- 제3자를 통해 관계에 대한 오해를 풀어 보세요.

✦ Don'ts

- 애매한 상황, 눈치보는 상황으로 덮어 두지 마세요.
- 관계가 불편한 상태로 같이 일하지 마세요.
- 관계가 나빠 업무에 몰입하지 않는 것은 비겁한 행동입니다.

갈등 – 조직의 비타민, 나의 성장 촉진제

여름날 야산을 따라 걷다보면, 칡넝쿨이 한창 자라 잎사귀가 무성합니다.

칡넝쿨은 어디가 시작이고 어디가 끝인지 도무지 찾기 어렵습니다.

이런 칡(葛, 갈)넝쿨에 등나무(藤, 등)까지 뒤엉켜 있다면 그 모습은 어떨까요?

칡과 등나무가 서로 복잡하게 뒤얽혀 있는 모습은 질서가 없고, 서로 치고 올라 가려고 화합하지 못하는 상태를 상징합니다. 이런 모습을 일컬어 칡과 등나무의 한자를 따 '갈등'이라고 합니다. 서로의 입장에서 안건에 대한 견해차가 있고, 이해가 부족하며 이로 인해 정신적, 물리적 충돌이 있는 상태라고 할 수 있습니다. 요즘 우리 사회의 가장 큰 문제 중 하나로 '갈등'을 꼽습니다. 세대간의 갈등, 빈부의 갈등, 지역 갈등, 의식과 정치적 갈등 등이 표출되고 있으며, 세계적으로도 인종, 종교간의 갈등이 곳곳에 있습니다. 회사 조직으로 들어오면 세대간 갈등, 역할의 갈등, 직무간의 갈등, 계층간의 갈등이 있을 수 있습니다. '말이 안 통한다', '이해가 안 된다'는 생각 자체가 갈등을 안고 있는 것입니다. '말해 봤자 바뀌지 않는다'고 생각하면 갈등을 회피하는 것입니다.

일반적으로 갈등이 생기면 초기에는 대화로 풀어 보려고 노력합니다. 몇 차례 대화를 시도해 봐도 말이 안 통한다고 느낄 때는 이미 갈등이 불거진 상태입니다. 표정만 봐도 서로 느끼니까요. 어느 연구조사에 의하면 조직내에서 갈등이 커져 한번 터지게 되면 회사를 그만두거나, 포기하고 참는다는 응답이 많았습니다. 다시 말해 둘 다 극단적인 선택입니다. 회사나 사람을 아예 떠나버리거나 아니면 포기하며 참겠다는 것인데 이 또한 문제를 해결했거나, 스트레스가 없어지는 것이 아닙니다. 즉, 둘 다의 극단적인 판단은 모두 스트레스로 작용하여 계속 안고 살아가게 된다는 것입니다.

이런 극단의 선택을 하기 전에 갈등을 어떻게 풀어 가야 할 지 생각해 볼 필요가 있습니다. 먼저 갈등은 상대가 있기 마련입니다. 칡과 등나무 같이 말이죠. 이 때 갈등 해결을 위해 몇 가지 실천해 볼 사항이 있습니다. 먼저, 갈등이 생기면 바로 상대방에게 말하기 전에 갈등 상황에서 본인이 느낀 감정을 정리해 봐야 합니다. 그것도 생각만 하면 머리만 복잡해지니 가능한 메모를 해 보는 것이 좋습니다.

이 때 나의 감정만 적는 것이 아니라 상대의 입장에서 상대방이 느꼈을 것으로 예상되는 감정도 적어 보세요.

칡넝쿨의 입장과 등나무의 입장은 분명 있을 것입니다. 각자 잘 해보자고 하는 마음은 같지만 접근 방식이 다르고, 생각이 다를 수 있습니다. 그래서 나와 상대의 감정을 적어 보고, 입장을 바꿔 생각해 보는 연습이 필요합니다.

갈등이 생기면 조용한 곳에서 생각을 정리해 보세요. 다음은 만나서 대화 할 준비를 하세요. 상대에게 따져 묻고 싶은 말이 있을 것입니다. 또한 상대방이 나에게 따져 물을 말이 있을 것입니다. 그것이 무엇일지 생각해 보세요. 그리고 대화의 자리를 가지세요. 대화의 자리가 사무적이면 분위기는 공식적이 됩니다. 따뜻한 차 한잔이나 쿠키와 같은 먹거리를 함께 할 수 있는 조용한 공간에서 함께 하세요. 음식물은 사람의 감정을 차분하게 만들고 함께 나눠 먹는 사람과 정이 들게 만듭니다. 한 연구결과에 따르면 부부싸움을 할 것 같으면 먼저 부부간에 무엇이든 먹고 시작하는 것이 좋다고 합니다. 같이 뭔가를 먹고 나면 부부싸움을 덜하거나 강도가 낮아진다고 합니다. 이렇게 음식을 나눠 먹으며 대화를 유도하고, 대화를 할 때는 나의 주장만 하는 것이 아니라 상대방이 나에게 질문할 것으로 예상했던 내용에 대해 본인의 생각을 차분히 말해 보는 것입니다. 또한 질문을 던져 보는 것입니다. 이렇게 대화가 시작되어야 합니다. 하지만 한번의 대화로 풀리지 않는 갈등이 더 많습니다. 수차례 당사자간에 풀어 보려고 해도 어렵다면 제 3자의 도움을 받아 보세요.

도저히 갈등이 풀리지 않을 때는 갈등관계에 있는 사람이 가장 신뢰하는 제3의 인물을 통해 나의 입장을 간접적으로 전달하는 방안도 좋습니다.

상대방도 자기가 신뢰하는 사람을 통해 '그런 의도가 아니고 그런 사람이 아니라'는 말을 듣게 되면 오해가 많이 풀립니다. 갈등해결은 오해를 풀고 이해를 하는 것입니다.

오해를 misunderstand 즉, 상대방보다 내가 아래에(under), 서지(stand), 않음(mis)으로 생기는 것이라고 한다면, 이해는 상대방의 입장에서 눈높이를 낮춰 생각해 봄으로써 가능할 것입니다.

회사, 사회, 개인 인간관계의 갈등 문제는 덮어 둔다고 해결되는 것은 아닙니다. 그렇다고 강하게 표출한다고 무조건 좋은 것은 아닙니다. 강한 표출은 앙금이 남아 영원히 트라우마를 남길 수 있습니다. 슬기롭게 해결하기 위해, 메모, 다과와 함께 대화로 풀어 가야 할 것입니다. 식사를 하며 대화를 하거나, 커피를 한잔 하며 얘기를 나누고, 치맥(치킨에 맥주)을 같이 하며 의견을 나누거나, 같이 즐기는 취미생활을 통해 입장을 공유한다면 갈등은 대부분 해결될 수 있을 것입니다. 주변을 돌아 보며 나와 갈등이 있었던 사람은 없는지, 포기하고 말 안하고 사는 사람은 없는지, 왠지 불편하여 피하고 싶은 사람은 없는지, 말이 안 통하여 미워하는 사람은 없는지 확인해 보고, 하나 하나 풀어 가는 지혜를 발휘하세요.

적정한 갈등은 불가피하며 약간의 갈등은 긴장감(tension)을 조성해 더 나은 성과를 내지만, 갈등이 심할 경우 당사자 모두가 피해자이며 불행해진다는 사실을 꼭 기억하세요.

자기진단

Q 나는 직장 내 갈등이 적다.

1 — 2 — 3 — 4 — 5 — 6 — 7
그렇지 않다　　　　　　　　　　　　　　그렇다

Q 직장에서 업무적인 갈등으로 불편한 관계에 있는 사람을 떠올려 보세요. 갈등을 해결하고 다시 협업해야 한다면 어떤 방법으로 풀어 보는 것이 좋을까요?

✦ Dos

- 갈등은 당사자 간에 솔직한 대화로 풀어 보세요.
- 윗사람이 먼저 손을 내밀고 미안함을 표시하고 문제 해결에 접근해 보세요.
- 갈등은 즉시 풀어야 합니다.

✦ Don'ts

- 갈등을 회피하거나 덮어 두지 마세요.
- 갈등에 대해 너무 많은 사람이 알지 않도록 하세요.
- 직장에서 갈등 관계는 알려질수록 당사자 모두 피해자가 될 수 있습니다.

Soul Mate
터 놓고 말할 수 있는 사람, 단 한 명이라도

퇴직 면담을 해 봅니다.

팀장이 말하는 퇴직 사유와 퇴직자 본인이 말하는 사유가 다른 경우가 많습니다.

팀장이 말합니다.

"솔직히 퇴직 사유를 모르겠고, 저한테도 이미 다른 회사를 정한 후 통보한 상태입니다. 도무지 설득이 어려울 것 같습니다."

저는 이런 팀장은 팀장 역할을 잘 못하는 것이라 생각합니다. 얼마나 불편했으면 직속 상사인 팀장에게 미리 상의하지 않았을까요? 또한 팀장은 팀원의 고충을 그렇게 모르고 있었을까요?

IMF 구제금융, 리먼사태, 모바일 환경의 변화로 직장 내 조직 문화에 많은 변화가 있습니다. 동양적인 '정(情)'의 문화가 서구적인 성과주의 문화로 바뀌고 있습니다. 집단이나 공동체 의식이 개인화되고 있습니다.

그래서 직장에서나 가정에서 '외로움'을 많이 느끼게 됩니다.

정신적으로 위로 받고 싶은 사람이 갈수록 많아지고 있습니다.

직장생활을 하다 보면 자신이 인식하지 못하는 사이에 외로움을 느낄 수 있습니다. 터 놓고 이야기 하며, 정신적으로 교감하고, 위로 받을 수 있는 '정신적동반자(soul mate)'를 만들어 보세요. 또한 자신이 누군가의 소울·메이트가 되어 먼저 마음을 열고 다가가 다른 사람에게 용기를 줄 수 있도록 해 보세요.

정말 힘들 때 누구와 터놓고 말하나요?

직장 안에 그 사람이 있으면 그나마 다행입니다.

그 사람이 직속 상사나 가까운 동료라면 더욱 다행입니다.

터놓고 얘기할 Soul mate를 만들고, 다른 사람의 Soul mate가 되어 보세요.

Soul mate를 사귀는 방법은 무엇일까요?

먼저 1대 1로 만납니다. 그리고 내가 숨기고 싶은 나의 허물을 털어 놓습니다. 그리고 상대방이 숨기고 싶은 말을 듣고 공감하되 절대 다른 사람에게 전달해서는 곤란합니다. 비슷한 취미를 가진 사람이 좋습니다. 가까이서 편하게 만날 수 있으면 더욱 좋습니다. 몸이 멀어지면 마음도 멀어지는 법입니다. 이웃사촌이 좋은 이유입니다. 직장 내에 동기도 좋고, 중.고등학교 동창도 좋습니다. 비슷한 일을 하는 사람이 좋습니다. 나이가 같으면 더욱 좋습니다. 처한 상황이 비슷하면 공감을 더 얻습니다. 물질을 강조하기 보다 마음이 따뜻한 사람을 만나세요.

내말을 잘 들어주는 사람, 공감해 주는 사람이 Soul mate입니다.

자기진단

Q 나는 마음이 통하는 Soul mate가 있다.

1 ― 2 ― 3 ― 4 ― 5 ― 6 ― 7
그렇지 않다   그렇다

Q 직장내 나의 Soul mate는 누구인가요? 퇴직이나 진로 상담을 누구와 하시겠습니까?

_____

_____

✦ Dos
- 몇 명만이라도 충분합니다. 한 명도 좋습니다.
- 나를 털어 놓고 상대를 신뢰하세요.

✦ Don'ts
- Soul mate를 의심하거나 불신하지 마세요.
- 개인 비밀을 누설하지 마세요. 죽을 때까지 안고 가세요.
- 이성간에도 Soul mate가 될 수 있지만 Soul mate를 핑계로 사내 성희롱 문제에 연루 되지 않도록 주의 하세요.

대화 - 끝말만 따라해도 술술 풀려

대화는 한자어 그대로 마주 대(對)하며, 이야기(話)를 하는 것입니다. 즉 상대의 말을 듣고, 나의 말을 하며, 서로 소통하는 것입니다.

대화는 내가 관계하는 모든 사람과 합니다. 때로는 전혀 모르는 사람과 해야 할 경우도 있지만 대부분 가까이 지내는 사람간에 이루어집니다. 하지만 가까이 늘 함께 있기 때문에, 서로를 잘 안다고 생각하기 때문에 대화가 부족할 수 있습니다.

늘 함께 지내며 습관적으로 하지 않으면 제대로 대화하기가 어렵습니다.

한 때 개그콘서트에서 가족간에 식사를 하며 "대화가 필요해" 라는 유행어가 있었고 공감을 얻은 이유일 것입니다.

대화는 잘 하기가 참 어렵습니다. 그만큼 오해도 많이 생깁니다. 대화하는 과정에 오해가 생기는 이유는 '관심도'와 '이해도'의 차이에서 비롯되는 것 같습니다. 내가 하고 싶은 말과 상대방의 관심사가 다르고, 상대방이 하는 말과 나의 관심사가 다른 경우가 많습니다.

늦게 퇴근하는 남편에게 하루 종일 집에서 일어 났던 이야기를 들려주려는 아내의 말을 건성으로 듣고 "응응~ 알았어"라고 답변하는 남편은 관심이 다른 곳에 있기 때문입니다. "내 말 좀 듣기만 해 주세요"라는 뜻에서 말하는 아내에게 "결론만 말해"라고 말하는 남편과 사이가 좋을 수 없습니다. 이 또한 사람의 속성, 대화의 방법을 이해하지 못하기 때문에 생기는 것입니다.

"김대리는 말귀를 못 알아 들어"라고 말하는 팀장이 있습니다. 왜 말귀를 잘 못 알아 들을까요? 인지능력이나 지적능력이 부족해서 그럴수도 있고, '자기중심성'이 강해서 들은 말을 임의로 해석해 버리는 경우도 있습니다. 하지만 보통의 인지능력을 갖고 보통의 상식을 가진 사람들 간에 생기는 오해는 대부분 그 말의 내용에 관심이 적고, 또한 그 내용을 모르기 때문입니다. 그래서 관심을 유발하고 이해도를 높이기 위해 대화를 할 때, 말을 하는 배경 즉, 왜 그런 말을 하는지 이유(why)를 말하며, 때로는 전체 윤곽(big picture)이나 과거 이력(history)을 말하고 세부적인 내용을 말하는 것이 중요합니다.

또한 대화를 할 때 상대방에 대한 과거의 이미지를 벗어버려야 합니다. 평소 신뢰가 형성되어 있는 경우는 금방 이해가 되지만, 그렇지 못한 경우는 오해가 먼저 생기기 쉽습니다.

'사장님과 말이 안 통한다.', '팀장과 말하기도 싫다.', '김대리는 회의 때 이상한 소리나 하고 이해가 안 된다.' 등 소통에 대한 이슈가 많습니다. 왜 그럴지 생각해 보세요.

어떻게 하면 대화를 잘 할 수 있을까요? 대화를 잘 하는 사람은 먼저 자존심을 내려 놓고 나의 부족한 점, 숨기고 싶은 점, 부끄러운 점을 상대에게 말합니다. 그러면 상대는 공감하며 자신의 이야기를 편하게 합니다. 또한 말을 할 때 말하는 이유를 꼭 설명합니다. 또한 추상적인 단어를 덜 사용하고 어려운 단어를 반드시 그 표현의 정의/의미를 설명합니다. 그 것이 바로 대화를 잘 하는 사람이 가진 소통의 기법입니다. 천천히 또박또박 말하며, 사실에 근거해서 말하고, 부정적인 추론을 하지 않으며, 자신감을 갖고 분명히 의사표현을 하며, 상대의 눈을 보며 존중하는 눈빛을 보내고, 끝말을 따라 하며 추임새를 넣고, 말을 짜르지 않으며, 미리 짐작해서 자신의 의견을 말해 버리는 행동은 하지 말아야 합니다.

무엇보다 잘 듣고 따뜻하게 말하려는 마음가짐과 태도가 중요합니다. 대화도 습관입니다. 맨날 싸우는 부부는 대화를 해 보려고 시도하다가 또 싸우기도 합니다. 나를 내려 놓을 자세를 갖추지 않고 대화의 시간을 가져서 그럴 것입니다. 회사에서도 서로 대화할 기회가 많습니다. 나를 내려놓고 상대를 존중하며 충분히 들어 보고 이해해 보세요.

아내가 "아~ 오늘 바빠서 몸살 기운이 있네" 라고 말하면, "어서 약 먹고 푹 자"라는 정답이 아닌, "오늘 일이 많아 바빴구나. 몸살까지 났구나" 라고 그냥 들은 말을 한번 더 해 주는 것으로 공감을 해주면 서로 대화가 잘 통할 수 있는 준비가 되는 것입니다. 그리고 '뒷말 반복해서 따라 말하기', '고개 끄덕이기', '대화 상대 사랑하기'의 실천만으로도 많이 개선됩니다.

직장생활도 대화의 연속입니다.

답을 주는 대화가 아니라 들어 주고 공감하는 대화법을 실천해 보세요.

자기진단

Q 나는 바람직한 대화법을 알고 실천하고 있다.

```
1 --- 2 --- 3 --- 4 --- 5 --- 6 --- 7
그렇지 않다                    그렇다
```

Q 직장에서 대화가 안 통하는 사람이 있으세요? 어떻게 다시 대화를 시도해 보시겠습니까?

✦ Dos

• 남의 고충을 들으면 공감하며 들은 내용을 반복(뒷말 따라하기)하세요.

• 내가 먼저 대화 하세요. 나의 치부를 먼저 드러내세요.

• 진정성을 갖고 마음을 표현하세요.

✦ Don'ts

• 답을 주거나 지시하는 대화를 줄이세요.

• 대화 상대의 과거 이미지에 선입견을 갖지 마세요.

고생

"고생했어요" 아낌없이, 그러나 사람따라.

'고진감래, 고생 끝에 낙이 온다', '젊어서 고생은 사서도 한다.' '죽도록 고생했어' 등 '고생'이라는 단어는 우리 일상에서 자주 사용됩니다.

회사에서 상사로부터 가장 듣고 싶은 말이 무엇이냐고 질문을 해 보았습니다. 바로 "고생했어"라는 표현이었습니다.

함께 일하는 후배에게 '김대리, 고생했어요' 이런 표현을 얼마나 자주 사용하시나요?

또는 선배에게 '과장님, 고생하셨어요'와 같은 말을 얼마나 자주 하시나요?

"고생했다"는 의미는 일을 잘했다는 의미와 감사하다는 의미를 모두 포함하는 위력적인 표현입니다. 그리고 남이 나를 알아 주는 것에 대해 스스로 자긍심이 생기고 일에 대한 자부심도 생기게 하는 표현입니다.

남이 나의 고충을 이해해 주고, 격려하거나 칭찬해 줄 때 힘이 납니다.

하지만 개인의 성격에 따라서 칭찬의 강도 조절이 필요합니다.

성격이 매우 신중하고 안정적인 사람에게 사교성이 강한 사람이 어깨를 툭툭 치며 지나치게 칭찬을 하면 부담스러워하고 칭찬의 진정성을 의심할 수 있습니다. 반면 사교성이 강하고 외향적이며 주도성이 강한 사람은 자기가 한 일에 대해 극찬해 주기를 기대합니다.

'고생했다'는 표현도 사람에 따라 달리해야 효과가 있다는 의미 입니다. 대부분의 사람은 큰 것도 아닌 아주 작은 한마디, 따뜻한 눈길과 함께 "고생했어요", "고생하셨습니다."하면 좋아합니다. 주도적인 사람은 몇 번이고 반복해서 박장대소를 하며 고생했다고 할 때 좋아할 수 있지만, 신중하고 남에게 노출되기를 꺼려하는 성격의 소유자에게는 구체적으로 무슨 일 때문에 고생했는지 알려 주며 남들이 없는 곳에서 조용히 칭찬해야 효과가 큽니다. 사람은 모두 다릅니다. 성격이 너무나 다양하며, 동기부여되는 요인도 다릅니다. 리더십 유형도 사람에 따라 다릅니다. 그래서 '고생했다'는 마음은 갖고 상대에게 표현하는 것은 소중하나 표현 방법은 사람마다 달리해야 합니다.

자기진단

Q 나는 칭찬, 감사의 표현을 잘 한다.

1 — 2 — 3 — 4 — 5 — 6 — 7

그렇지 않다   그렇다

Q 나는 칭찬을 했는데 칭찬 받은 사람이 부담스러워 했던 경험이 있으세요? 그는 어떤 성향의 사람이라고 생각하세요?

✦ Dos

- 칭찬이나 격려의 표현을 많이 하세요.
- 개인의 성향을 고려해 칭찬 방식이나 반응의 크기를 조절하세요.
- 누군가로부터 도움을 받으면 즉각 감사의 표현을 하도록 하세요.

✦ Don'ts

- 칭찬, 감사의 표현을 다음에 하겠다고 생각하지 마세요.
- 신중하고 안정적인 사람에게 지나친 칭찬은 부담입니다.
- 주도적이고 사교적인 사람에게 말없는 인정은 칭찬이 아닙니다.

기(氣) - 열 번의 칭찬보다 더 조심할 것이 있다

'왜 이렇게 기운이 없어?', '기운 내', '어머~ 기가 막혀', '군기가 빠져서
~', '대단한 열기네요', '사람이 총기가 있어야지' 등등 모두 기(氣)에 대
한 일상의 표현입니다. 육신에서 혼이 빠져 나가면 '죽음'이라고 합니다.
혼이 빠져 나간 듯이 기운이 없을 때 '넋을 잃은 듯하다'고 합니다. 요즘
말로 '멘붕(멘탈붕괴)'이라고 하는 표현과 유사할 것입니다.

　직장생활 중에 어떤 상황에서도 '기'를 잃어서는 안 되고, 기를 빠지게
해서도 안 됩니다.

　눈에 총기가 없고, 생기가 없으면 일도 잘 될 리 만무합니다.

　직장생활 중에 회사 실적이 나빠 어려움을 겪을 때가 종종 있습니다.
분위기가 많이 무거워집니다.

　이때도 인상을 쓰며 걱정을 한다고 좋아지지 않습니다, 더 나빠지지
도 않습니다. 그건 그저 걱정일뿐입니다.

　어렵지만 긍정적인 마음으로 더욱 생기 넘치는 분위기를 만들며 다음
을 준비해야 합니다.

　경기는 순환되고 다시 좋은 날이 온다는 희망을 가지고 준비하는 것
입니다.

　그리고 상호간에 '기'을 북돋워 주세요.

　어려울 때일수록 기운 빠지게 하는 일이 많아지는데 그런 행동만이라
도 줄여 보세요. 가령, 비인격적인 언행이 기를 빠지게 합니다.

특히 리더의 비인격적인 행동은 어려운 시기에 많이 나타날 수 있는데, 이는 결국 개인에게 큰 상처를 주고 조직을 망칩니다.

한마디로 구성원의 기를 쏙 빼 버리고, 일하는 재미를 잃게 만드는 요인으로 작용합니다. 무심코 던진 돌에 개구리가 맞아 죽을 수 있듯이 무심코 던진 한마디에 누군가는 상처를 받을 수 있습니다.

내가 했던 말을 기억하며 세월이 지나 고마웠다고 하는 경우도 있고, 그 때 서운했다고 하는 경우를 경험해 보셨을 것입니다. 말을 한 나는 기억도 나지 않는데 말입니다.

이유없이 화를 내고, 의견을 무시하고, 잘못을 부각시켜 질타하고, 사생활까지 언급하는 등 상처를 줄 수 있는 형태는 많습니다. 약자와의 약속을 쉽게 어기고, 거짓말을 하는 것 등 모두 비인격적인 언행들입니다. 부하 직원의 말을 경청하기는커녕 습관적으로 표현하는 '결론이 뭐야?', '할 말 해 봐' 라고 하거나, 동료나 부하직원들을 '우리 애들~', '아기들이 뭘 알아' 등 아기 취급하는 표현을 사용하는 것도 비인격적 행위에 해당할 수 있습니다. 또한, '말이 되는 소리냐~', '머리 뒀다 뭐하니' 등 모멸감을 느끼게 자극하는 언행은 Loyalty를 없애고 일 할 기운을 빼는 행동임을 인지해야 합니다.

조직 내에서 이런 비인격적인 행동은 상호 피드백을 통해 개선해야 합니다. 또한 Self-monitoring이 필요합니다. 사회적 맥락 속에서 자신이 어떻게 비춰질지 파악하고, 그에 맞게 자신의 말과 행동을 조정할 수 있어야 한다는 것입니다. 리더는 부하를 애들로 취급하는 것이 아니라 동료(co-worker)로 생각하는 것에서부터 건전한 조직문화가 형성될 것입니다.

칭찬은 고래도 춤추게 한다고 하였지만, 열번의 칭찬보다 한번의 빈
정거림이나 비인격적인 언행이 더 큰 상처를 주고 상호신뢰를 무너뜨리
게 됩니다.

자기진단

Q 나는 비인격적인 언행을 하지 않는다.

1 — 2 — 3 — 4 — 5 — 6 — 7
그렇지 않다 　　　　　　　　　　　　그렇다

Q 상대방의 말에 뼈가 있거나, 빈정대는 듯한 말투에 화가 났던 경험이 있으세요?

✦ Dos
• 칭찬은 직설적으로 해야 합니다.
• 칭찬은 구체적인 행동, 결과에 대해 해야 합니다.
• 상대방의 기를 살리는 표현을 많이 사용하세요.

✦ Don'ts
• 칭찬을 중의적이거나 우회해서 하지 않도록 하세요.
• 비인격적인 언행을 하지 마세요.
• 애매한 표현이나 비꼬는 듯한 표현으로 마음 상하지 않도록 하세요.

잔정 – 나눌수록 큰 복이 옵니다

깜짝 이벤트(big event)가 주는 감동은 오래 기억에 남습니다. 청혼을 위한 프로포즈는 평생 기억하겠지요. 그런데 행복을 결정짓는 것은 놀랄만한 이벤트만이 아니라 일상에서 표현되는 작은 뭔가라고 합니다. 작은 그 무엇을 한 마디로 '잔정'이라고 표현하고 싶습니다. 잔정이 행복의 샘입니다.

잔정을 나누는 것은 힘들지 않습니다. 먼저 말 한마디부터 따뜻하게 하는 것입니다. '잘 했어', '고생 많네', '고맙다', '멋져', '역시 최고야' 등 많습니다. 또한 커피 한 잔, 담배 한 대 나누는 정(情)도 필요합니다. 식당에서 수저라도 먼저 챙겨 주는 모습이 잔정을 느끼게 합니다. 어려운 일을 하는 동료와 함께 해 주고, 기회가 될 때 아이디어를 주고, 생일이나 결혼기념일, 졸업식 등 일상에서 작은 배려나 애경사를 챙기는 것이 곧 잔정입니다.

저는 인사 담당 임원으로 재직 중에 구성원의 생일에 손으로 직접 쓴 축하카드를 전달했습니다. 그리고 청소를 해 주는 분을 만나면 음료수를 드리고, 구두를 닦아주는 분이 밤에 들어오면 꼭 과자를 드렸습니다. 그리고 외출했다가 돌아올 때 붕어빵이나 호두과자를 사서 구성원들과 나눠먹곤 했습니다.

어렵게 생각할 수 있는 제가 먼저 잔정을 나누었을 때 그 분들의 반응은 너무나 좋았습니다.

잔정이 들어야 큰 일을 함께 할 수 있습니다.

하지만 우리가 착각하지 말아야 할 것이 있습니다.

바로 잔정에 얽매여 일을 대충하지 말라는 것입니다. 잔정으로 큰 일을 그르치는 것은 조직 생활 안에서는 용납될 수 없습니다.

자기진단

Q 나는 잔정을 잘 표현한다.

1 --- 2 --- 3 --- 4 --- 5 --- 6 --- 7
그렇지 않다   그렇다

Q 잔정을 나누어 상대방이 감동을 받았던 사례를 떠 올려 보세요. 주로 나는 어떤 방법으로 잔정을 나누나요?

+ Dos
- 잔정(따뜻한 말 한마디, 작은 선물, 배려 등)을 많이 나누세요.
- 동료에 대한 관심을 가지세요.
- 권위의식을 버리고 상사가 먼저 챙기세요.

+ Don'ts
- 잔정을 나누고 생색 내지 마세요.
- 잔정에 대해 대가를 바라거나 기대하지 마세요.

손가락 - 보이지 않는다고 없는 것은 아닙니다

열 손가락 깨물어 안 아픈 손이 없다고 합니다. 손톱 밑에 작은 가시 하나 박혀도 신경이 쓰이고, 상처가 있으면 불편하기 짝이 없습니다. 우리 각자는 손가락 하나 하나와 같이 소중합니다.

회사에는 목소리가 큰 사람이 있고, 조용히 자기의 일을 하며 지내는 사람도 있습니다. 보이지 않는 곳에서 각자의 역할을 묵묵히 수행하는 사람을 잘 챙겨 줘야 합니다.

회사는 제품이나 서비스를 개발하고, 설계, 시공, 생산, 판매를 하고 사후 관리를 하는 조직입니다. 업무를 지원하고, 일을 잘 할 수 있도록 사무실 청소를 하고 건물 관리하는 사람까지 누구 하나 덜 중요한 사람이 없습니다. 각자가 손이 되고, 발이 되어 큰 조직을 구성하게 됩니다. 정말 작은 일처럼 보이는 것이라도 그 역할을 하는 사람이 일을 제대로 못하면 그때서야 표시가 납니다.

작은 일이라고 생각하고, 늘 하던 일이라고 느끼는 일이 제대로 돌아가지 않으면 그만큼 힘듭니다. 우리가 마실 물, 우리가 숨쉬는 공기, 늘 향유하는 빛과 전기와 같이 가장 기본적인 서비스를 제공하는 직원들에게 감사할 줄 알고 감사의 표현을 할 수 있어야 합니다.

그들로부터 존경받지 못하면 직장생활은 성공했다 할 수 없습니다.

누구나 힘이 있는 자에 약하고, 힘 없는 사람에게 강해지기 쉽기 때문입니다.

Q 나는 사회적 약자에 관심을 갖고 배려한다.

1 --- 2 --- 3 --- 4 --- 5 --- 6 --- 7
그렇지 않다   그렇다

Q 직장에서 관심을 못 받지만 고생하는 부서, 사람들은 누구인가요? 어떤 방식으로 배려
하시겠습니까?

✦ Dos

• 조직 내에서 소외된 사람을 찾아 보세요.

• 청소, 경비, 문서수발 등 업무를 지원해 주는 분께 감사를 표하세요.

• 커피 한잔 이라도 먼저 대접하세요.

✦ Don'ts

• 소외된 약자에 무관심하지 않도록 하세요.

• 약자를 괴롭히거나 무시하지 마세요.

밥

'식사 마케팅'을 들어 보셨나요?

"언제 식사 한번 합시다"라고 입버릇처럼 제안을 하고 약속을 지키지 못하는 사람이 있습니다.

반면 "식사 마케팅"이라는 용어까지 사용하며 전략적으로 식사하는 사람이 있습니다. 평소 누구와 식사를 하는지 분석해 보고 식사 시간을 마케팅 기회로 활용하는 것입니다. 물론 '식사 마케팅'이라는 표현을 들으면 '밥도 내 맘 편하게 못 먹고 사느냐!'고 할 수 있습니다.

밥 한끼 하자는 '식사마케팅'에 대해 생각해 보세요.

보통 누구랑 식사를 하시나요? 상사/동료/고객/가족/친구/상사 등으로 구분해 보고, 외부 식사도 동창, 관공서, 고객, 동호회, 종교 등 다양한 형태로 구분 해 볼 수 있습니다. '혼밥족'도 물론 있습니다. 나만 편하자고 생각하면 누구나 혼자 밥 먹는 것이 편할 수도 있습니다. 그렇지만 우리는 회사를 다니며 사회생활을 하는 사람입니다. 만나야 할 사람도 많고, 좋은 관계를 유지해야 하고, 고객에게 접대도 해야 합니다. 아무리 불편한 관계도 식사를 하며 대화를 하면 오해가 풀리게 되는 경우가 많습니다. 또한 좋은 분들과 만나는 것이 나의 발전에 도움이 됩니다. 긍정의 에너지를 갖고 열정적이며, 독서를 많이 하는 사람을 가까이 두면 좋은 아이디어나 기운을 얻게 됩니다. 부정적인 사람이나 우울한 사람을 가까이 하면 자신도 모르게 같이 변해 갑니다.

나는 누구를 만나 누구와 친하며, 누구와 식사를 하고, 대화를 하는지 체크해 보세요.

그리고 점심 식사 일정을 계획해 보세요.

연간, 월간 일정표를 펼치고 점심, 저녁 식사를 누구와 하였는지 표기해 보는 것입니다. 그리고 한번 만났던 사람을 다시 만날 수 있도록 하고, 특히 식사 한번 하고자 했던 사람과의 약속을 빨리 실천해 보세요.

일 년 동안 식사한 사람을 분석해 보세요.

업무적으로 만난 사람, 가족이나 친지, 동문, 동호회 회원 등을 분류하여 소홀히 했던 그룹이나 개인을 챙겨야 합니다.

또한 평생지기로 함께 할 사람은 적어도 일년에 한 번씩 식사를 하겠다는 계획을 세워 식사 약속을 미리하고 약속은 꼭 지키도록 해 보세요.

자기진단

Q 나는 같이 점심 식사 할 사람을 미리 계획한다.

1 — 2 — 3 — 4 — 5 — 6 — 7
그렇지 않다   그렇다

Q 점심을 주로 누구와 함께 하나요? 최근 1개월간 점심을 같이 한 사람 이름, 부서, 관계
를 기록해 보세요.

+ Dos

- 다양한 사람들과 점심 식사를 하세요.
- 식사 때 만나 대화할 소재(재미있고 유익한)나 내용을 미리 생각하세요.
- '을'에게 식사를 대접하세요.

+ Don'ts

- 내가 부탁해야 하는 '갑'하고만 식사해서는 안 됩니다.
- 대화가 어려울 정도의 대규모 행사는 '식사마케팅'에는 적정하지 않습니다.

누구와 식사를 했을까?

한 달 동안 누구와 식사를 했는지 확인해 보세요.

날짜	요일	점심	저녁
1			
2			
3			
4			
5			
6			
7			
8			
9			
10			
11			
12			
13			
14			
15			
16			
17			
18			
19			
20			
21			
22			
23			
24			
25			
26			
27			
28			
29			
30			
31			

Face time - 자주 봐야 친해집니다

얼굴(face)를 보는 횟수(times)가 많을수록 친밀감(intimacy)이 더 높아집니다.

'이웃사촌'이라는 표현만 봐도 멀리 있는 형제보다 가까이에서 자주 보는 형/동생이 좋다는 뜻입니다. 친해지려면 자주 만나야 합니다. 가정에서 소중한 사람은 가족인데 가족조차 같이 식사를 하거나 자주 보지 못하는 것이 현대인의 모습일 것입니다. 부부지간에 더 자주 대화를 하고, 자녀들과 함께 시간을 보내며, 부모님을 자주 뵙는 것을 놓치지 말아야 합니다.

직장생활에서는 업무와 관련된 사람을 얼마나 자주 보시나요?

내가 관리해야 할 소중한 사람이 누구인지 생각하며, 그들과의 face time을 자주 갖는 것이 중요합니다. 업무와 관련하여 직장 상사와 식사, 티타임, 공식 미팅, 보고 등을 통해 대면할 수 있는 기회를 자주 가지세요. 물론 업무와 관련된 동료들도 만나서 일하세요. 특히, 고객과의 만남 횟수는 말할 것도 없습니다.

모바일 업무 환경이 구축되어 대면하지 않고 소통할 수 있는 방법이 많습니다. 효율적인 소통 채널을 활용하는 것은 기본입니다.

하지만 일을 더 잘 하기 위해 필요한 소통은 대면해서 처리하고, 이메일을 보내고 나서 직접 통화를 하는 등 직접 만나 문제를 해결하는 것이 더 효과적입니다.

화가 난 고객도 직접 찾아 가서 얼굴을 보면 풀어집니다. 미안함을 표현할 때, 축하 할 때, 부탁할 때, 감사의 표현도 최대한 직접 만나서 하세요.

전화 한 통이 열 번의 문자보다 낫고, 한 번의 만남이 열 번의 통화보다 낫습니다.

자기진단

Q 나는 업무 담당자를 직접 만나 일처리를 한다.

1 --- 2 --- 3 --- 4 --- 5 --- 6 --- 7
그렇지 않다   그렇다

Q 직장에서 업무 처리를 할 때 이메일, 전화 통화로만 하여 애로를 겪었던 경험이 있으세요?

✦ Dos
• 만나서 얼굴 보며 일 처리 하세요. 특히 가까이 있는 사람에게 메일을 보내고 회신을 기다리지 말고 직접 바로 바로 찾아 가서 간단히 논의하세요.
• 이해관계자를 자주 만나세요. 거절하는 고객도 찾아 가서 자꾸 보면 정이 듭니다.

✦ Don'ts
• 이메일, 전화, 카톡 등 모바일로 업무 처리를 했다고 다 잘 될 거라는 기대를 하지 마세요.
• 바쁜 일정을 핑계로 사람 만나는 것을 게을리 하지 마세요.

보험 - 보험료가 저렴한 인간 관계 보험

건강보험, 자동차보험, 상해보험, 교육보험 등 그 종류가 다양합니다. 상품에 따라 보장이 다양하며 보험료도 편차가 큽니다.

개인적으로 보험에 대한 인식이 다양합니다.

개인 성향과 상황이 다양하기 때문에 보험을 강요할 수는 없을 것입니다. 보험에 가입하느니 현금을 보유하겠다고 할 수 있고, 당장 먹고 살기도 힘든데 무슨 보험이냐고 할 수도 있습니다. 내가 죽으면 그만이지 죽고 나서 보장 받을 보험을 왜 드냐고 하기도 하고, 운동을 많이 하고 몸이 건강한데 건강보험을 왜 드냐고 할 수도 있습니다. 또 다른 부류는 다양한 보험에 가입하는 사람들입니다. 미래에 대한 막연한 걱정과 불안감 때문에 다양한 보험을 많이 들어 보험중독이 된 사람도 있다고 합니다. 때로는 보장성 외에 재테크, 상속의 수단으로 활용하는 등 참으로 다양합니다. 그만큼 개인에 따라 생각이 다양합니다.

보험은 미래의 위험에 대비 하는 것입니다. 그래서 건강할 때 가입하고 장기간 납부하면 일회 보험료는 저렴합니다. 위험에 노출될 가능성이 커지거나 보장을 받아야 할 때가 되었을 때는 큰 돈을 부담해야 합니다.

사람 사는 세상에 인간관계에 대해서도 서로 힘이 필요할 때가 있습니다.

평소에 연락이 없던 사람이 본인이 필요한 일이 생겨 내게 연락을 하여 부탁을 한다면 어떤 기분일까요?

사람을 많이 알아 두면 도움이 됩니다. 그 사람을 통해 로비를 하거나 부정한 방법으로 뭔가를 해결하겠다는 의미가 아닙니다. 급할 때 작은 정보가 큰 힘이 됩니다. 해당 분야 전문가를 통해 정보를 얻는 것만으로 문제 해결이 쉽습니다. 혼자 모든 것을 할 수 없습니다. 누구를 통해 어떻게 접근하면 빠르고, 올바른 해결 방안을 찾을 수 있을까요?

네이버가 알려 주지 못하는 진정한 노하우는 사람(해당 분야 전문가)을 통해 얻게 됩니다.

이를 위해 '인간관계보험'을 들어 보세요. 인간관계보험은 내 시간을 내고 간단히 식사하는 정도의 보험료면 충분합니다. 직장생활에 도움이 되는 '인간관계보험'은 다다익선(多多益善)입니다.

자기진단

Q 나는 폭넓은 인간 관계(네트워크)를 형성하고 있다.

1 --- 2 --- 3 --- 4 --- 5 --- 6 --- 7
그렇지 않다   그렇다

Q 내가 가입한 인간관계보험 리스트를 적어 보세요.

- 다양한 분야의 전문가를 만나세요.
- 오래 오래 소액으로 투자하세요. 인간관계 보험료를 월납으로 조금씩 내세요.
- 그 사람의 인간성, 전문성을 보고 투자하세요.

+ **Don'ts**

- 당장 필요한 사람만 관리하는 것이 아닙니다.
- 맡은 업무가 변경되더라도 계속 하세요. 보험료 납입 후 중도해지하면 원금도 못 찾듯이 인간관계도 마찬가지입니다.

나의 직장생활 성공 점수

아래 각 항목에 1점에서 7점까지 표기하세요. 동의하고 잘 한다고 생각할수록 높은 점수를 부여합니다. 보통은 4점, 전혀그렇지 않다고 생각할 때 1점을 부여합니다.

번호	항목	점수
1	나는 조직에서 소화제 역할(소통과 화합의 촉매제)을 잘 한다.	
2	나는 W.I.S.E. Communication 방법을 이해하고 잘 실천한다.	
3	나는 추론의 사다리를 오르지 않는(추론하지 않는) 편이다.	
4	나는 명확한 주특기를 갖고 있다.	
5	나는 디테일(detail)에 강하다.	
6	나는 기획, 구상을 잘 한다.	
7	나는 나를 둘러싼 판세를 잘 안다.	
8	나는 사실에 근거해 판단한다.	
9	나는 실행을 잘 한다.	
10	나는 내 일을 철저히 챙긴다.	
11	나는 적기에 일처리를 한다.	
12	나는 업무 마감 기일(due date)을 잘 지킨다.	
13	나는 핵심과제 중심으로 일을 한다.	
14	나는 상대방(친구,배우자,부모,회사 등)에게 기대하거나 바라지 않는 편이다.	
15	나는 내가 선호하는 회사의 조건을 안다.	
16	나는 직장생활에서 행복을 느낀다.	
17	나는 내가 하는 일에 의미를 안다.	

-
직장생활, 나는 잘 하고 있을까?

18	나는 나 자신에 대한 자존감이 강하다.	
19	나는 이 책에서 언급한 장수 요건 3가지를 갖추고 있다.	
20	나는 평소 문제의 본질을 생각한다.	
21	나는 스트레스를 잘 관리한다.	
22	나는 화를 내지 않는다.	
23	나는 사람을 소중히 여긴다.	
24	나의 근무 환경은 안전하다.	
25	나는 직장 상사, 동료와의 관계가 좋다.	
26	나는 직장 내 갈등이 적다.	
27	나는 마음이 통하는 Soul mate가 있다.	
28	나는 바람직한 대화법을 알고 실천하고 있다.	
29	나는 칭찬, 감사의 표현을 잘 한다.	
30	나는 비인격적인 언행을 하지 않는다.	
31	나는 잔정을 잘 표현한다.	
32	나는 사회적 약자에 관심을 갖고 배려한다.	
33	나는 같이 점심 식사 할 사람을 미리 계획한다.	
34	나는 업무 관련 담당자를 직접 만나 일처리를 한다.	
35	나는 폭넓은 인간관계(네트워크)를 형성하고 있다.	

- 설문 항목별 점수 : 1점 - 7점
- 1번 - 13번 점수의 합 : 성과(P) Score (최소 점수 13점 - 최대 점수 91점)
- 14번 - 24번 점수의 합 : 행복(H) Score (최소 점수 11점 - 최대 점수 77점)
- 25번 - 35번 점수의 합 : 존경(R) Score (최소 점수 11점 - 최대 점수 77점)

나의 직장생활 성공 점수(Score)

	성과(P)	행복(H)	존경(R)	성공(S)
원점수				해당없음
변환점수				

〈종합점수 평가 방법〉

① 성과(P), 행복(H), 존경(R) 점수(설문번호별 합산)를 원점수란에 적어 주세요.

② 원점수(7점 척도 설문 조사 점수 합계)를 변환점수(10점 만점으로 변환)로 계산하여 변환점수란에 적어 주세요.

③ 변환점수 계산법

 • 성과(P) 점수는 원점수를 91점으로 나눈 후 곱하기 10을 하세요.

  (계산 예시 : 원점수 78점은 78 ÷ 91 X 10 = 8.5)

  • 행복(H) 점수는 원점수를 77점으로 나눈 후 곱하기 10을 하세요.

  • 존경(R) 점수는 원점수를 77점으로 나눈 후 곱하기 10을 하세요.

④ 성공(S) 점수 계산법

  성과(P), 행복(H), 존경(R) 각 변환점수 3개를 곱해서 적어 주세요.

〈성공점수의 판단 및 성찰〉

• 탁월 : 470점 이상, 직장생활을 아주 잘 하고 있습니다.

• 우수 : 263점 - 469점, 직장생활을 잘 하고 있습니다.

• 보통 : 126점 - 262점, 보통의 직장생활 수준입니다.

• 미흡 : 124점 이하, 미흡하여 개선 노력이 요구됩니다.

Success equation

$$S = f (P * H * R)$$

인사(人事) - 누구나 한 마디 할 수 있는, 그래서 더 어려운

EVP - 회사가 좋아할 나의 매력은?

인사규정 - 더불어 사는 불편한 기준(rule)

직무(job) - 일이 있다. 고로 나는 존재한다.

임금(賃金) - 나에겐 적은 연봉, 회사는 부담되는 인건비

복리후생 - 최소한의 보장, 선택의 문제, 하지만 절대 공짜는 아니다.

승진(promotion) - 통과하면 기분 좋은 좁은 문

고과(考課) - 부처님 1차 평가자, 하느님 2차 평가자일지라도

part 2

직장생활 성공을 위해
이해해야 할 인사(HR)의 속성

직장생활 성공을 위해 이해해야 할 인사(HR)의 속성

직장생활을 하면 누구나 인사(HR) 업무에 상관이 있습니다. 각 개인에게 중요한 문제이기 때문입니다.

입사 시점부터 퇴직할 때까지 인사가 개입하고, 재직중에 평가, 보상, 승진, 전배 등 인사 업무는 연속됩니다.

그래서 직장생활 성공을 위해 최소한 이해해야 할 인사의 속성을 인사, 직무, 임금 및 복리후생, 승진, 평가(고과) 관점에서 간단히 소개합니다.

내가 회사를 만들어 사장이 되었다고 생각하고 아래의 질문과 함께 인사를 고민해 보시면 도움이 됩니다.

- 사람은 몇 명이나 고용해야 할까?

- 사람마다 재주가 다른데 어떤 일을 시켜야 잘 할까?

- 성과 평가를 어떻게 하고, 어떻게 보상해야 기분 좋게 일할까?

- 어떤 사람을 승진시켜야 더 큰 역할을 하고 성과를 낼까?

- 정말 출근하고 싶은 조직문화를 어떻게 만들 수 있을까?

- 사람을 어떻게 키워야 믿고 맡길 수 있을까?

인사(人事)
누구나 한 마디 할 수 있는, 그래서 더 어려운

'인사가 만사다', '기업은 사람이다', '사람이 미래다' 라는 표현과 같이 기업 경영에서 '사람'이 중요함을 강조합니다.

사람의 재주(역량)를 고려해 적재적소에 잘 써야 한다고 합니다. 사고가 나거나 실적이 나쁘면 누가 잘못했는지부터 찾고, 프로세스를 고치려는 접근보다 인적 쇄신(사람 물갈이)을 먼저 생각하게 됩니다. 그만큼 인사가 중요하기 때문일 것입니다.

모든 조직에서 인사는 '원칙'이 있어야 한다고 강조하면서 사업성과를 위해 유연하게 지원해야 한다고 합니다. 한편에서는 모든 사람을 만족시키는 인사제도는 없다고 합니다. 가끔 사람이 사람을 평가하고 관리할 수 있는가 하는 질문을 던지곤 합니다.

이 세상에 같은 사람은 단 한 명도 없습니다. 천차만별입니다. 표정에도 오만가지 인상이 있다고 합니다.

'열 길 물속은 알아도 한 길 사람 속은 알 수 없다.' '그 사람의 깊은 뜻을 어찌 알겠어. 내가 모르는 뭔가가 있겠지.' 라고 생각하며 남의 마음을 이해하기가 얼마나 어려운지 우리는 다 알고 있습니다.

또한, 사람은 합리적으로 생각하는 이성적인 동물이라고 하지만 실상에서는 다분히 감정이 앞선다는 것도 경험적으로 깨닫습니다.

사람도 동물인지라 생명에 대한 보호 본능은 타고난 것이고, 감정도 타고나며, 무엇보다 자기중심성(남의 관점에서 보면 욕심, 이기심)이 강하다는 것입니다. 그래서 남의 입장을 생각하고 이해하고 배려하며 나를 희생하기는 태생적으로 어려운 것입니다. 그만큼 나를 버리고 남을 위해 희생, 봉사하는 사람들은 존경을 받게 됩니다.

직장생활을 하는 우리는 인사에 대해 궁금해 하며 의견도 많습니다.

인사가 과학적인 분석과 근거를 토대로 이루어지는 것이 당연하지만 원래 인사는 비과학적이고, 인사권자의 뜻대로 하는 것입니다. 인사권자의 마음대로 판단하고 그에 따른 책임도 지는 것이 인사의 본질적인 속성입니다. 그래서 채용 기준이나 평가도 인사권자의 의도(철학, 관점, 잣대)가 반영되는 것입니다.

그것이 본질입니다. 다만, 평가 잣대를 사전에 설정하고 공유하며, 평가에 본인이 참여를 하며(자기평가), 결과에 대해 피드백을 하면서 평가자의 의도나 판단기준에 대해 소통을 하는 것이 중요합니다. 평가 잣대를 사전에 공유하고, 직급, 직무, 리더십, 역량, 기타 활동(부서 내 공통업무 수행이나 타 부서 지원 등)을 종합적으로 보면서 정성적인 평가까지 하게 됩니다. 그래서 선진기업일수록 평가자의 '종합적 판단'을 더 중요시하는 모습을 볼 수 있습니다. 그만큼 평가자의 소양도 중요하며, 평가를 잘 할 수 있도록 제도적 지원이나 교육이 중요해집니다.

평가자가 평가에 공정하지 못하다고 생각하면 리더십 상향평가 때 의견을 표출할 수 있고 이의를 제기할 제도도 있습니다.

조직에서는 평가결과를 토대로 급여/성과급/승진 등 인사 의사결정을 합니다. 그래서 성과에 따라 이에 상응하는 평가를 하는 것이 공정하다는 원칙을 갖고 있습니다. 하지만 예산, 자원(성과급 재원 등), 기회(승진할 보직)의 제약으로 상대평가를 합니다. 그래서 평가가 어렵습니다. 평가자나 피평가자 모두 너무 힘든 일입니다.

이 힘든 일도 여러 사람의 의견을 들어 보면 수용성이 높아집니다. 가령, 팀원 각자에게 자신을 포함해서 전 팀원을 평가(업적/역량)해서 순위를 정하도록 하고, 이를 종합하여 평균을 구해보면 팀장이 평가한 결과와 매우 유사함을 발견하게 됩니다.

인사에 대해서는 누구나 관심이 많고, 누구나 의견이 있고, 누구나 욕심도 많습니다. 그래서 말하기는 쉽지만 솔로몬의 지혜를 찾기는 무척 힘든 것 같습니다. 다같이 좋은 평가를 할 수도 없고, 모두에게 같은 성과급을 지급 할 수도 없고, 모두를 승진 시킬 수도 없으니 참 어렵습니다. 그리고 사람(인력)은 늘 부족해 충원해 달라고 하고, 나만 일을 많이 하는 것 같고, 월급은 늘 적다고 생각할 수 있습니다. 충분히 그런 생각을 가질 수 있습니다.

하지만 일할 사람도 많고, 내 일에 여유가 생기고, 월급이 많다면 원가경쟁에서 이겨내기 어려울 것입니다.

그래서 적정 인원 규모를 고민하고, 적정 급여 수준을 결정하며, 주어진 자원 하에서 최적의 만족을 통해 동기부여 시키고자 하는 것입니다. 기업은 이익집단이기 때문입니다. 공공기관이나 공무원도 최적의 인력 규모로 운용하는 이유는 국민의 세금으로 급여를 줄 뿐만 아니라, 비효율이 발생하면 조직 내외부에 상대적 형평성 문제가 생기기 때문입니다.

EVP
회사가 좋아할 나의 매력은?

'구글(google)'은 업무 시간의 20%를 자신만의 아이디어를 실현할 수 있는 기회를 부여하여 창조적 사고와 도전정신을 일깨워 준다고 합니다. 사무 환경이 좋아 부럽다는 의견이 많지만, 24시간 일을 시키기 위해 필요한 환경을 만들었다는 의견도 있습니다. 구글 직원(employee)은 치열한 경쟁 속에 살아 남기 위해 밤낮없이 일합니다. 성과에 대한 책임을 강하게 묻고 고용이 보장되지 않습니다. 하지만 그들은 구글에서 다양한 사업 아이디어를 통해 벤처기업을 키우고 독립할 수 있다는 가치(value), 매력을 느낍니다.

경영컨설팅 회사의 컨설턴트는 업무량이 많지만 짧은 시간에 다양한 경영이슈를 경험할 수 있다는 매력을 느낍니다.

S사는 일이 많고 관리가 철저하여 힘들다고 하지만 성과급을 많이 받아 연봉이 많고, 경력개발 및 이직 때 도움이 된다고 합니다. 정년까지 다니는 것은 현실적으로 불가능하다고 알면서 다른 매력이 있기 때문에

열심히 일을 합니다.

중견 기업은 대기업보다 급여는 적을 수 있지만 폭넓은 경험을 할 수 있고, 자기 책임의 범위가 클 수 있습니다. 공무원 및 공기업 직원은 직장이 안정적이고 일과 삶의 균형을 갖출 수 있어 좋다고 합니다. 하지만 일부 직원은 급여가 적고 권한이 없으며, 따분하고 재미 없다고 그만 두기도 합니다. 개인 회사는 시스템은 허술하다고 불평할 수 있지만 자기가 직접 판단하고 처리해야 할 일이 많아 일을 배우기는 좋다고도 합니다.

이처럼 구성원들이 느끼는 회사에 대한 매력, 가치를 'EVP(employee value proposition)'라고 합니다. 회사가 인재를 유인하고, 남아 있게 할 수 있는 매력 포인트라고 할 수도 있습니다.

내가 몸담은 회사는 어떤 매력(장점 또는 EVP)을 갖고 있다고 생각하십니까?

안정적이다, 급여가 많다, 분위기가 좋다, 경력에 도움이 된다, 내 일이 재미 있다, 함께 일하는 사람들이 좋다, 나의 성장에 도움이 된다, 배울 점이 많다, 집에서 가깝다, 내게 권한이 많이 주어진다, 워라밸(work & life balance)를 잘 갖추고 있다, 새로운 도전의 기회가 있다, 향후 독립 및 창업에 도움이 된다, 회사 브랜드에 자부심이 생긴다. 일에 보람을 느낀다, 의미 있는 일을 한다 등 다양할 수 있습니다. 모두 소중한 가치입니다.

각자 소중하게 생각하는 가치 판단에 따라 회사가 내게 제시하는 매력은 달리 느껴질 수 있습니다.

우리는 EVP를 생각하며, 회사의 강점, 장점을 생각해 보면서 직장생활을 해야 합니다.

완벽한 사람도 완벽한 조직도 없으며, 불만 없는 개인도 없을 것입니다.

회사가 제시하는 매력을 충분히 생각해 보고, 이번에는 회사가 나에 대해 느낄 매력이 무엇인지 자문해 보세요.

회사는 왜 나를 필요로 할까요? 어떤 매력을 느낄까요?

나는 회사에 무슨 가치를 제시하고, 또한 매력적으로 보일 수 있을까요?

내가 회사에 매력적으로 보일 수 있도록 하는 가치 제안, 즉 EVP(employeer value proposition)를 생각해 보며 그 가치를 높여가야 합니다.

인사규정
더불어 사는 불편한 기준(rule)

세상을 살아가는데 내가 생각하는대로, 내가 바라는대로, 내가 편한대로 살 수 있다면 얼마나 좋을까요?

뇌과학 연구에 따르면 '자기 이야기를 남에게 말하며 영향력을 행사할 때 활성화 되는 뇌가 기쁠 때 활성화 되는 뇌와 같다'고 합니다. 그만큼 내 마음대로 하면 좋은 것입니다. 다만 문제는 누구나 내 맘대로 하고 싶어 하여 충돌이 발생할 수 있다는 것입니다. 함께 세상을 살아가는 사람들이 많고, 그 많은 사람들의 생각이 모두 다르며, 그들 간에는 언제든지 이해 상충이 발생할 수 있습니다.

그래서 함께 살아 가는 사람들 간에 불편함을 덜어 주기 위해 서로 합의를 한 것이 바로 'Rule'입니다.

회사에도 많은 규정이 있습니다. 회사와 구성원 간에 취업규칙 등 인사규정이 있고, 권한에 대한 전결규정도 있으며, 업무 프로세스별로 관련 규정이 있습니다. 사내 규정일지라도 사회 전반에 영향을 미치는 법/

규정에 따라 적용되는 부분이 많습니다.

내가 편해지면 남이 불편해 질 수 있지 않을까요?

하지만 함께 이해하며 지켜 간다면 모두가 편리하고 행복한 세상이 되지 않을까요?

회사에는 취업규칙을 포함해 다양한 규정이 있습니다.

출퇴근, 복장, 출장, 비용처리, 업무전결, 복리후생비 처리, 윤리규정, 공정거래 기준은 여러 사람을 위해 지켜야 합니다.

직무(job)
일이 있다. 고로 나는 존재한다.

직무(職務)는 조직에서 구성원이 하는 기능(function)과 역할(role)을 칭합니다.

즉, 조직과 개인을 연결시켜 주는 매개가 됩니다. 가령, 인사팀장은 인사관리라는 업무(기능이라 표현)를 수행하며, 팀의 리더로서 역할을 수행하는 직무입니다. 신뢰성시험담당이라 하면 신뢰성시험이라는 기능을 수행을 하는 실무자(담당)라는 의미로 볼 수 있습니다.

기업은 구성원들이 직무(job) 수행을 통해 성과(performance)를 만들어 가는 곳이며, 직무를 수행하는데 필요한 지식, 스킬, 태도 등을 역량(competency)이라고 합니다.

직무는 재미있는 속성을 지닙니다. 칭찬이 고래도 춤추게 하는 것과 같이 직무는 동기요소(motivator)가 됩니다. 허츠버그는 2요인 이론(2 factors theory)이라는 동기 이론을 주장하였는데, 칭찬은 하면 할수록 동기부여가 되기 때문에 이런 요인은 '동기요인'이라고 했고, 급여(돈)는 계속 많이 준다고 투입한 만큼의 동기부여가 되는 것은 아니지만, 적정 수준(준거집단의 보상 수준 대비) 이하일 때는 불만요인이 된다고 하여 이를 '위생요인'이라 하였습니다.

직무 또한 동기요인으로 분석하였습니다. 현재 맡고 있는 직무를 잘 수행하면 더 많을 일을 부여 받게 됩니다. 이를 '직무확대화(job enlargement)'라고 하고, 현재 맡고 있는 역할을 잘 해 더 큰 권한과 책임을 갖도록 하는 것이 바로 '직무충실화(job enrichment)'입니다. 즉 어느 시점에 내게 일이 더 생기면 그것은 내가 현재 맡은 일을 잘 하고 있기 때문에 직무확대를 해 주는 것이고, 권한이 커지면 이것은 직무충실화가 되는 것입니다. 이는 동기요인이 되어 스스로 동기부여가 되며, 개인적으로는 조직 내에서 개인이 발전하는 청신호로 볼 수 있습니다. 그런데 많은 경우 일이 많아지면 불평불만을 하곤 하지요. 지금의 일도 많은데 나만 일을 더 시키냐고 할 수 있지만 이 점은 달리 생각해 볼 필요가 있습니다.

바로 '직무확대화' 및 '직무충실화'는 최고의 칭찬이자 동기부여 요소가 되기 때문입니다. 아울러 타 부서로의 이동이나 다른 직무로의 순환은 개인 성장의 기회가 될 수 있습니다.

일이 많아지고 역할이 커지고 힘이 들면 '내가 이 조직에서 인정받고 있구나' 라고 생각해도 좋습니다.

다양한 직무 경험을 통해 생각의 폭이 넓어지고, 이해가 풍부해지며 이를 토대로 의사결정을 더 잘 할 수 있고, 남에 대한 이해를 통해 팀웍이 좋아지고 결과적으로 탁월한 성과를 발휘할 수 있습니다.

직무 순환을 통해 개인의 경력관리와 조직의 역량 강화를 꾀하고, 직무경험을 통해 개인의 성장을 돕고, 직무 확대 및 충실화를 통해 동기부여 될 수 있도록 해야 합니다.

구성원 각자는 조직과 더불어 자신의 경력개발 책임을 갖고 있다고 생각해야 합니다. 비록 회사나 상사가 일방적으로 부서 배치를 하는 경우도 있지만 평소 자신의 관심 분야, 학습 분야, 전공 및 경력 분야가 종합적으로 반영되는 것입니다.

임금(賃金)
내게는 적은 연봉, 회사는 부담되는 인건비

연봉, 월급, 급여, 노임, 시급, 최저임금, 상여, 보너스, 인센티브, PS(profit sharing), PI(productivity incentive or personal incentive), 수당, 기본급, 고정급, 성과급, 변동급 등 임금에 관한 다양한 용어들이 사용됩니다. 또한 운임, 노임, 일당, 품삯, 출연료, 개런티, 강사료, 알바비 등 일상 생활 속에 임금에 관한 표현들이 많습니다.

이는 모두 임금에 관한 것으로 임금은 근로(노동)의 대가로 받게 되는 금전적 보상이나 현물까지 포함하는 개념으로 볼 수 있습니다.

임금은 그 형태에 따라 고정급과 변동급으로 나누어 볼 수 있으며, 기본급은 고정급, 상여 및 모든 성과급은 변동급입니다.

임금을 지급하는 기간 단위로 시급, 주급, 월급, 연봉이 구분되며, 임금성 보상을 직종에 따라 다양한 형태로 표현하기도 합니다. 과거 급여 체계는 호봉제를 실시하여 각 호봉별로 정한 임금 수준이 있고, 주기적으로 승호가 되고, 승진에 따라 급호가 변경되거나 호봉이 올라 급여 인상이 되었습니다. 많은 기업들이 연봉제를 도입함으로써 호봉테이블은 없어졌거나 참고 자료로 활용 합니다. 즉, 호봉테이블은 없앴지만 호봉테이블이 있을 때와 유사하게 일정 부분의 급여인상을 하지 않으면 급여 역전 현상(입사연차별)이 발생할 수 있습니다. 이런 부작용이 있는 점을 고려하고, 최저임금이나 호봉제 하에서의 기본 인상 효과를 유지하는 차원에서 '호봉승급분(step up)' 인상을 실시하고 있습니다. 가령, 공무원의 경우 올해 임금인상율이 동결되었다 하더라도 일정 부분 호봉승급분이 있으니 총소득이 동결되는 개념은 아니라고 볼 수 있습니다.

가끔 언론에서 기업의 연봉수준을 말할 때 회사가 지불한 총인건비를 전체 종업원수로 나눈 금액으로 표현합니다. 회사입장에서 지불한 인건비와 개인 입장에서 실수령액의 큰 차이를 느낄 수 있습니다. 퇴직충당금, 복리후생비 등이 포함되기 때문입니다.

그래서 임금은 총보상(total compensation)의 개념으로 접근해야 합니다. 총보상이라 함은 금전적 비금전적 보상을 모두 포함하며, 금전적 보상은 급여 및 수당 등 현금/현물성 보상과 복리후생을 말하며, 비금전적 보상은 사무실 위치나 환경 등 간접적인 보상효과까지를 포함합니다. 회사는 근로의 대가에 상응하는 수준에서 시장 임금을 고려해 외부와 경쟁력을 갖도록 운영하며, 내부 형평성을 고려해 직급간/연차간/성과간(고과 등) 종합적인 설계를 하고 있다고 볼 수 있습니다. 또한 매출이익/영업이익/당기순이익과 주주배당, 사내유보 등 다양한 고려 요소를 종합적으로 판단하여 지불여력에 맞는 급여 정책을 사용하는 것입니다. 그래서 임금 정책은 상호 이해와 협력을 전제로 결정되어야 합니다.

복리후생
최소한의 보장, 선택의 문제, 하지만 절대 공짜는 아니다.

복리후생제도의 속성을 생각해 보고자 합니다.

포항에 본사를 둔 P사에서 17년을 근무하던 김차장이 서울 대치동 사무실로 발령이 났습니다. 김차장은 입사를 하면서 기숙사를 이용했고 결혼 후에는 사택을 이용하다가 자녀가 학교에 입학할 때 집을 구해 독립하였다고 합니다. 기숙사/사택에 사는 동안 집 걱정을 안 하며 재테크에도 관심이 적었고, 월급을 받아 조금씩 저금을 하였지만 대부분을 취미생활이나 자기계발에 투자하였다고 합니다. 안정적 직장이라는 생각에 걱정을 덜하고 살았고, 회사가 제공하는 기숙사/사택을 이용하며 편안하게 살아왔다고 털어 놓습니다. 하지만 서울로 발령을 받아 집을 알아보니 포항의 아파트를 팔아도 서울에 전세조차 구하기 어렵다고 하소연합니다. 그러면서 주변 친구 얘기를 합니다. 그 친구는 중견기업에서 주거지원 제도가 없어 본인이 내 집을 마련해야 한다는 생각으로 사회 초년생부터 재테크에 관심을 가졌다고 합니다. 그래서 내집 마련을 하게 되었고 결과적으로 그 친구와 재산 가치가 차이난다며 하소연을 합니다.

사람이 경제적 의사결정을 하였다면 주거지원을 받은 사람이 더 돈을 많이 모았을 것 같은데 왜 친구가 더 재테크를 잘 했을까요?

아이러니한 상황입니다.

회사마다 복리후생제도의 항목이 다르고, 그 수준은 직장생활에 필요한 최소한의 지원일 것입니다. 충분하지는 않습니다. 그래서 복지제도를 개선할 때는 가장 시급한 곳에 우선 재원을 투입하고 늘 형평성을 고려하게 됩니다. 그렇기 때문에 개인의 관점에서 보면 늘 부족하다고 느낄 수 있고 혜택이 나에게 없는 것으로 인식할 수 있습니다.

누군가는 혜택을 받는데 나는 대상이 되지 않을 경우가 있습니다.

회사의 복지제도는 회사 역사와 함께 다듬고 다듬어진 것으로 볼 수 있습니다. 복리후생제도를 집행하다 보면 너무나 다양한 경우가 발생하기 때문에 규정이나 지침을 만들어 두고 있습니다.

복지는 충분할 수 없으며, 최소한의 보장입니다. 그래서 최상의 복지가 무조건 도움이 되는 것만은 아니라고 생각합니다. P사 김차장의 사례처럼 좋은 제도가 독립심을 자극하지 못하고, 재테크에 관심이 적도록 하지나 않았을까요?

복지는 보편적이어야 하며 나만을 위한 것이 아닙니다. 나는 좋지만 남은 또 다른 것을 원할 수 있습니다.

복지는 예산이 소요되며 예산을 우선순위로 고려해 편성됩니다. 회사의 복지 예산은 회사의 이익 중에 일부를 사용하는 것입니다. 그래서 회사는 기본급, 성과급, 복리후생비 등 총보상(total compensation) 관점에서 비용을 고려해 최적의 포트폴리오를 구성해 운영함으로써 구성원의 만족과 동기부여를 시키고자 하는 것입니다.

회사의 복리후생제도 혜택을 받는 것이 당연하고, 공짜라고 생각하면 안 됩니다.

구성원들이 행복하고 더 성과를 내자는 의미와 기여에 대한 보상 개념을 동시에 갖는 것입니다.

승진(promotion)
통과하면 기분 좋은 좁은 문

어떤 사람이 승진을 할까요? 통상 '고과(인사고과, 근무평정 등)가 좋고, 상벌 점수 등 승진 요건을 채우고, 어학 실력 등 회사가 요구하는 조건을 갖춘 사람'이라고 말 할 것입니다.

고과권자(팀장, 임원)에게 "어떤 사람에게 고과를 잘 주고 싶은가?" 라는 질문을 통해 의견을 들어 보았습니다.

"상사가 의도하는 바를 정확히 이해하고, 업무를 잘 수행합니다. 개인의 능력을 발휘하면서 팀웍을 통해 성과를 내는 사람이 좋습니다."

"저는 영업 부서라 실적이 우선입니다. 하지만 실적만큼 중요한 부분으로는 적극적이며 창조적이고 항상 웃는 얼굴(긍정적)인 팀원에게 고과를 잘 주게 됩니다."

"자기 업무에 전문가이며, 자기 관리를 잘하는 사람"

"자기의 업무에 주인의식을 가지고 주도적으로 끝까지 하는 모습을 가지고 있는 사람, 많은 일에 긍정적이며 같이 무엇을 이루는 모습을 가진 사람, 또한 조직을 위하면서도 자기의 성장을 항상 준비하는 사람"

"팀원들이 칭찬하고 추천하는 사람, 묵묵하게 조연 역할을 성실하게 수행하여 조직에 도움이 되는 사원을 높게 평가합니다."

"자기 일은 기본, 관련 부서와의 협력을 잘 하고, 새로운 일에 두려움 없이 도전하여 성공하는 사람"

"역량이 뛰어나 자기가 맡은 일을 깔끔하게 완수하는 사람, 더하여 시킨 일뿐 아니라 동료를 도와주고 발생한 문제를 적극적으로 해결하는 등 주도적으로 일을 찾아서 하는 사람은 무지 이쁩니다. 당연히 고과도 잘 주고 싶습니다."

"팀이나 속한 조직에 적극적인 마음을 가지고 도전하는 사람, 매사에 부정적인 표현보다는 긍정적인 표현을 하는 사람, 동료와 선후배간에 대화와 소통이 많은 사람, 공통업무에 소홀하지 않은 사람, 자기의 부족한 부분을 채우기 위해 부단히 노력하는 사람"

"자신의 생각(주관)을 가지고 일하는 직원입니다. 지시 받은대로만 일하지 않고, 더 나은 방향(방안)으로 일을 처리하여 성과를 내는 직원입니다. 본인의 업무는 깔끔하게 처리하고, 주변 동료에게도 도움을 주는 긍정적인 성격의 직원입니다."

"회사를 먼저 생각하고 맡은 바 직무에 게으름 피지 않고 성실하게 일하는 사람, 내가 조금 힘들더라도 상대를 배려하고 협력하고 공동의 성과를 창출하는 사람, 기존의 관행을 탈피하고 창의적이고 유연한 사고방식과 행동으로 타의 모범이 되는 사람, 스스로 높은 자존감과 이기심으로 잘났다고 과시하는 사람보다는 주변에서 인정하고 칭찬하는 사람"

"성경에 나오는 백합과 같이 좋은 향기를 풍기는 사람, 낭중지추처럼 굳이 나서려하지 않아도 자연스럽게 존재감이 들어나는 사람이 아닐까 싶습니다. 조직과 자신의 비전을 정렬하고, 아는 것을 잘 실행하고, 꾸준하며, 내가 먼저 손해를 볼 때 자신은 모르지만 주변 사람들은 진한 긍정의 향기를 맡을 수 있게 되는 것입니다. 그런 사람은 지구 끝에 있더라도 조직의 레이다에 걸리는 법 입니다."

"뭐든지 스스로 챙기고 자신이 하는 일을 적기에 보고를 해주는 직원에게 정이 갑니다. 예를 들어 A라는 목표항목의 계획을 세운 경우에 고과를 잘 받는 직원들은 처음부터 일정관리를 스스로 실시해 대부분 계획 일정보다 빨리 과제를 완료합니다. 그러니까 일정 준수 의식이 다른 사람들보다 훨씬 높다고 할 수 있습니다. 팀장 본인도 자칫 잊어버리고 있던 일을 다 끝냈다고 어느날 보고를 받게 되면 기분이 좋아지고 그 멤버에 대한 신뢰가 더욱 더 높아집니다."

"승진/고과를 잘 받는 사람들은 1.열정적이다. 2.희생정신을 갖추고 있다. 3.주인의식이 풍부하다. 4.합리적으로 일한다. 5.인사성이 밝다. 6.실행력이 좋다. 7.지시/요청받은 업무에 즉각적으로 반응한다. 되든 안되든 피드백이 빠르고 놓치지 않는다. 8.발뺌하지 않는다. 9.체질적으로 공은 타인에게, 과는 자신에게 돌린다. 10.불만요소 등이 있을 때 남 탓을 하지 않는다. 11.겸손하다. 12.말을 잘한다(말이 많은 것은 아니고). 13.경청/배려를 잘한다. 14.예의가 밝다. 15. '된사람'이라고 좋게 평가하는 사람들이 많다."

"우선 사고가 긍정적인 사람과 일을 믿고 맡길 수 있는 책임감과 신뢰성이 있어야 할 것 같고, 업무 또는 방향 등에 있어 조금 더 넓은 시야(현실은 그렇지 못하더라도)에 의해서 업무를 진행하는 사람이 좋다고 생각합니다. 추가적으로 이해력, 판단력, 본인의 지적 능력 등을 고려합니다."

"내 업무 이외에 더 넓은 영역을 고민하는 사람, 일상 활동만이 아닌 뭔가 도전적인 영역을 설정하고 이루려고 노력하는 사람(비록 실패해도), 정밀한 전략을 짜고 그걸 체계적으로 수행하는 사람"

"팀장과 코드가 맞는 사람에게 고과를 잘주고 싶습니다."

"주인의식을 갖고 빠른 일처리 및 대응하는 사원에게 고과를 잘 주고 싶습니다."

"단기 실적 외에도 인성, 업무 몰입, 긍정적인 변화 주도가 중요하다고 생각합니다. 또한 향후 회사 성장에 대한 기여 가능성을 주요한 요인으로 보고 있습니다."

"1.납기를 잘 지키는 사람 ; 업무의 due date을 지키며, 이를 지킬 수 없는 경우 사전에 중간 보고하여 문제점에 대해 대책을 세울 수 있도록 하는 사람, 2.열정이 있는 사람 ; 자신의 일에 대해 잘 해내고자 하는 열정을 갖고 업무처리하며, 부단히 자기 실력 향상을 위해 노력하는 사람, 3.태도가 좋은 사람 ; 인간관계에서 상대를 존중하며, 비판보다는 대안을 제시하는 사람"

"Loyalty 및 해당분야의 전문지식을 바탕으로 본인의 목표/과업과 조직목표 달성에 기여한 실적이 있고 기여하고 있는 사람(내 사업/내 일처럼 업무를 수행하여 조직목표 달성에 기여하는 사람. - 제 밥값 이상을 하는 사람), 프로의식를 바탕으로 성실하게 직무를 수행하여 과업을 완수하는 사람(내면의 가치와 외관의 자세가 일치하는 사람), 회사의 핵심가치 내재화(협력/실행/창의/정도)를 바탕으로 해당직급에 부합한 공통역량 및 전문역량을 보유/발휘하고 있고, 차상위 직급에서 요구되는 역량을 배양하고자 부단히 노력하는 사람"

위에서 직접 들은 의견과 같이 고과자가 강조하는 점이 다양한 듯 하면서도 공통적인 메시지는 찾을 수 있습니다.

업적과 역량에 대한 평가항목 자체도 중요하지만 조직 구성원으로서 갖추어야 할 기본적인 사항에 대한 평가도 많으며, 사람인지라 노력과 희생을 통해 다른 사람을 도와주는 사람에게 평가를 잘 해주고 싶은 것도 인지상정인가 봅니다. 내 일을 잘하는 것은 기본이고, 남도 도와야 하며, 인성도 바르고 평판도 좋아야 하며, 미래의 재목으로 키울 사람에게 고가를 잘 주는 모습도 볼 수 있습니다. 어떤 사람이 고과를 잘 받고, 어떤 사람을 승진시키고자 하는지를 유추해 볼 수 있습니다.

내가 속한 조직에서 고과자는 어떤 사람에게 좋은 점수를 주고 어떤 사람을 승진시키고 싶어 하는지 개인적으로 상담해 보세요.

고과(考課)
부처님 1차 평가자, 하느님 2차 평가자일지라도

고과는 역사적으로 고려, 조선시대부터 실시한 기록이 있으며, 관리(官吏)의 근무 성적을 평가하여 인사조치를 하는 것이었습니다. 근무 평정을 하여 승진과 좌천, 포상과 처벌에 반영하였습니다. 현대에도 인사고과라는 표현으로 구성원의 근무 성적, 태도, 역량 등을 종합적으로 판단하여 등급을 구분하고, 그 결과를 토대로 각종 인사(승진, 전배, 퇴직, 급여, 성과급, 교육, 주재원 부임 등)에 대한 의사결정을 하고 있습니다. 조선시대에는 '포폄(褒貶)제도'라는 것이 있어서 일년에 2번씩 성과를 검증 받고, 그 결과를 토대로 녹봉을 정하거나, 요직에 앉히거나, 3진 아웃을 시키는 등 각종 보상을 차등하는 성과연봉제 개념을 적용하고 있었습니다.

이러한 고과는 구성원의 동기부여를 통해 맡은 바 직무에 충실하고 더욱 성과를 잘 내도록 독려하는 것이 목적입니다. 동기부여는 내부형평성(상대적인 평등)과 공정을 추구할 때 가능합니다. 또한 '형평성이 있다'와 '공정하다'는 의미는 잘 하는 사람에게 그에 맞는 보상을 하고, 미흡

한 사람에게 그게 맞는 벌을 주는 것을 의미합니다. 성과보다 보상을 많이 받아 가는 것은 균형이 깨진 것이라 일반적으로 Free rider(무임승차자)라고 하며, 성과를 많이 내고도 그에 상응한 보상을 해 주지 않는 것은 불공정한(형평에 어긋나는) 것입니다. 그래서 균형을 이루는 것은 성과에 연동하여(상관성이 높게) 차등하는 것이라 할 수 있습니다. 다만 그 차등의 폭은 회사 상황에 따라 다양합니다.

근무평정이라고도 하는 인사고과는 공정해야 합니다. 모든 성과 보상은 평가에서부터 출발하기 때문입니다. 그런데 한가지 일반적인 착각이 있습니다. 평가는 공정해야 하고, 공정할 수 있다는 착각입니다. 평가가 공정해야 하는 것은 다같이 공감합니다. 하지만 평가 결과는 보는 관점이나 입장에 따라 공정하지 않게 보이는 것입니다. 즉, 평가자 입장에서는 공정한 판단을 했다고 생각하는데, 피평가자는 그렇게 생각하지 않는다는 것이지요. 그래서 평가가 공정할 것이라는 기대는 착각이나 희망이라 할 수도 있습니다. 평가와 관련된 우스갯소리가 있습니다. 1차 평가자 부처님, 2차 평가자 하느님, 두 분이 나를 평가한다면 과연 공정할까요? 공정할 것이라 믿고 싶지만 피평가자는 그 결과를 100% 받아 들이지는 않습니다. 이유는 피평가자가 사람이고, 사람은 생각을 하고, 생각은 각자가 다르기 때문입니다. 고해성사를 하는 과정에도 거짓을 고하는 사람이 있듯이, 평가 결과를 받아들이지 않는 것은 사람의 속성이자 한계입니다. 평가를 잘 받은 사람만 받아 들이는 수용성이 높을 수 밖에 없겠지요.

그래서 평가는 평가자에게 맡겨야 합니다. 평가자의 판단을 존중해야 합니다. 평가자가 평가 역량이 없으면 그 평가자를 교육시키고 그래도 안 되면 교체해야 합니다. 조선시대에도 성과가 나쁘거나 공정하지 않다는 민원이 많으면 평가자를 좌천시킨 것과 같습니다. 회사는 평가자를 믿고 맡겼으며, 그가 평가한 결과를 존중합니다. 그래서 피평가자는 평가 결과를 존중해야 합니다.

평가자는 다양한 유형/성향이 있고, 시점이나 상황에 따라 판단도 달리 할 수 있습니다. 회사가 어려울 때는 리스크 관리를 잘 하는 것에 가점을 줄 수 있고, 시장이 개화되는 시점에는 적극적으로 영업하는 것을 높게 평가할 것입니다. 또한 창의적인 아이디어를 내는 것을 높게 평가할 때가 있는가 하면 기존의 규정을 따르고 운영의 효율성을 높일 때 더 좋은 평가를 하기도 합니다. 평가 기준이 바뀐 것이 나쁜 것이 아니라 사업전략과 연계(alignment)한 것입니다. 평가자 입장에서는 사원에게 기대하는 수준과 과장에게 기대하는 바가 다릅니다. 직급별로 역할이나 직무별로 또 연봉 수준이나 담당업무에 따라서도 달라집니다.

회사마다 강조하는 가치가 있습니다. 안정적 운영을 중시하거나, 고객 만족을 더 중시하거나, 창의적인 아이디어와 기획력을 높게 평가할 수 있습니다. 이러한 모든 사항은 회사의 경영철학, 핵심가치, 인재상 등을 종합적으로 고려하게 됩니다.

선진 기업은 인사권한을 리더에게 대폭 위임하고 있습니다. 평가권뿐만 아니라 성과급 수준을 결정하기도 하고, 필요시 재계약 여부(계약 조건 포함)에 대한 판단과 해고에 대한 의사결정까지도 합니다. 최고의 성과를 내고 있는 구글(google)은 고과제도를 없앴다고 합니다. 단위 조직을 맡고 있는 리더의 판단에 맡깁니다. 그리고 같이 일하는 동료간의 평판(의견, 상호 피드백)을 참조합니다. 반면 일부 경영자가 강조하는 것처럼, 평가는 무조건 지표를 만들고, 그 지표에 따라 정량평가를 해야 하며, 사람이 정성적으로 판단해서는 안된다는 인식은 잘못이라고 생각합니다. 함께 일하는 사람이 판단하는 것이 가장 중요하며, 그들과 함께 성과를 내야 하기 때문에 리더(단위 조직 책임자)에게 맡기는 것입니다. 리더는 성과를 잘 내는 조직을 만들어 가기 위해 평소에 구성원을 관찰하고 피드백하고(RTF, real time feedback), 인사 의사결정을 합니다. 인사고과는 조직책임자의 몫입니다. 성과관리를 잘하는 것, 즉 구성원의 성과를 공정하게 판단할 수 있고 냉정하게 피드백 할 수 있고, 설득하는 능력이 바로 리더십입니다.

어떤 제도하에서도 고과를 잘 받는 사람은 있기 마련입니다.

고과에 대해 평가자를 탓하기 전에 스스로를 성찰하는 시간부터 가져야 합니다.

그리고 평가자가 중요하게 생각하는 가치, 역량, 태도 등에 부합하도록 노력하는 것입니다. 이것은 무조건 코드를 맞추거나 아부를 하는 것과는 차원이 다릅니다.

Outside in – 남의 눈으로 나를 보세요.

정성값 – 부자는 정성값

긍정어 – '죽겠다'고 말하는만큼 일찍 죽는다면

종이타월(paper towel) – 한 장이 인생을 바꿀 수 있다.

유리 도마 – 직장인은 유리 도마 위의 인형!

Gray zone – 나만 일이 많아요?

늦음과 기다림 – 늦어서 화가 나는 것이 아닙니다.

유혹 – 세상에 공짜는 없습니다.

매너 – 직장예절은 안 지키면 바로 티가 납니다.

인사 – 돈 안들이고 사랑 받는 최고 가성비

자기계발 – 나를 지키는 비밀병기

개미 – 아들아, 등심 맛있지? 아빠, 개미 허리 완전 가능죠?

part
3

직장생활 성공을 위한
태도와 습관

직장생활 성공을 위한 태도(Attitude)와 습관

기업에서 인재를 판별할 때 '일'을 잘 하는지, '태도'는 좋은 지를 봅니다. 이를 '성과(performance)'와 '역량(competency)'이라고 표현하기도 합니다. '성과'는 직무(job)/과제(task) 수행을 통해 나타난 결과(output/outcome)을 칭하며, '역량'은 성과를 내는데 영향을 미치는 요소이면서, 성과가 좋은 사람들이 가진 공통된 특징을 말합니다. 그래서 '역량'은 고성과자(high performer)가 공통적으로 갖고 있는(나타내는) 지식(knowledge), 기술(skill), 태도(attitude)를 총칭합니다. 여기서 다시 태도는 일과 조직을 대하는 사고나 행동양식을 말합니다. 태도는 성과에 큰 영향을 미칩니다. 그만큼 태도는 좋은 성과를 내는데 매우 중요합니다. 왜냐하면 좋은 태도 그 자체가 탁월한 성과를 만드는 것이 아니라 하더라도, 좋지 않은 태도로 탁월한 성과를 만들 수 없다는 점은 분명하기 때문입니다.

타고난 성격은 바꾸기 어렵습니다. 하지만 태도는 마음만 먹으면 얼마든지 바꿀 수 있고, 태도가 바뀌면 작은 차이를 만들어 내고, 작은 차이가 시간이 흘러 큰 차이로 나타납니다.

얼마 전 평사원에서 사장까지 되신 분을 만나 그 비결이 무엇이신지 여쭤 보았습니다.

"작은 습관이 저를 여기까지 오게 해 준 것 같습니다."라고 답변 하셨습니다. 어떤 습관을 말씀하시는지 무척 궁금해졌습니다.

"저는 4가지 습관을 갖고 평생 직장을 다녔습니다. 매일 일찍 일어나는 습관, 매일 운동하는 습관, 매일 책을 읽는 습관 그리고 매일 영어 공부를 하는 습관입니다."

실천 하면 좋은 줄 다 알고, 간단하고 쉬운 일 같습니다. 저도 스스로 이런 습관을 갖고 있는지 반성하게 되었습니다. 또한 꾸준한 실천이 중요함을 다시 한번 깨닫게 되었습니다.

직장생활에서 성공하기 위해 필요한 태도와 습관은 많고, 개인마다 중요하게 생각하는 항목도 다릅니다.

저는 이 책에서 직장생활 성공을 위한 태도(Attitude)와 습관을 12가지 대분류로 구분해 보았습니다.

Outside In
남의 눈으로 나를 보세요.

외부의 시각으로 '밖에서 안으로'라는 의미의 'Outside In'이라는 표현이 있습니다. 회사의 사업 실적 및 역량, 우리 부서의 모습, 개인의 역량, 성과, 평판에 대해 외부의 시각으로 보는 노력이 필요합니다.

외부의 시각은 객관적일 수 있으며, 가끔 냉정할 수 있기 때문에 적잖은 자극, 긴장, 아이디어를 줍니다.

사람이 나이가 들어가고, 조직이 노화될수록 상대방에 대한 피드백이 줄어듭니다. 내 주변의 시각으로 나를 보는 활동을 해 보고, 또한 외부의 시각으로 상대방에게 피드백 해 드리세요. Outside In 의견(opinion)을 귀담아 들어 보세요. 여러 사람이 비슷한 말을 하면 '내가 못 보는 나의 모습은 그렇게 형성되어 있구나'라고 생각해도 무리가 아닙니다. 그 내용이 평소 본인이 바라는 모습이 아니라면 개선하도록 노력해야 합니다.

사랑이 담긴 솔직한 피드백을 해 주는 친구나 동료가 진정 나를 위하는 사람이라고 생각하면, 귀에 거슬리는 피드백도 결코 언짢게 들리지 않습니다. 오히려 감사하게 됩니다.

Outside In 접근은 나의 시야를 크고 넓게 만들어 나 자신을 성장시키는 원동력이 됩니다.

피드백 - 듣고, 적고, 분석하고

저는 채용 면접을 볼 때 개인의 성격적 특성을 이런 질문을 통해 파악해 봅니다.

"다른 사람으로부터 들은 피드백을 떠 올려 보세요. 개선하라고 지적한 내용이나 당신의 평판에 대해 들은 본 표현을 그대로 말씀해 주세요"

많은 면접 질문 중에 매우 효과적인 질문입니다.

면접 말미에 이 질문을 던지고 답변을 들어보면 그 내용이 면접관으로 본 평가와 매우 유사함을 알게 됩니다.

면접에서는 자신이 하고 싶은 말을 하거나 의도적으로 숨길 수 있지만 다른 사람이 나에 대해 피드백 해 주는 말은 자신의 본 모습일 수 있습니다.

보통 평판을 할 때 한번 있었던 일로 피드백 하지는 않을 것입니다.

직장생활 중에 내가 들었던 말을 떠 올려 보세요.

그리고 들었던 내용을 3가지로 분류해 보세요.

"업무 관련 일 처리 능력", "개인의 성격적 특성", "다른 사람과의 관계" 관점에서 분류해 보세요.

내가 일을 하는 역량이 부족한지, 성격에 대한 내용인지, 다른 사람과의 관계에 대한 내용인지 분류 후 어느 항목이 많은지 판단해 보세요.

다음은 나를 표현하는, 수식하는 형용사를 정리해 보는 것입니다.

가령, 창의적, 실천적, 성실한, 이타적, 외향적, 글로벌, 주도적 등 다양한 수식어를 기록하고, 각 형용사가 몇 번이나 언급되는지 빈도를 기록해 보세요.

그리고 본인이 듣고 싶은 단어를 적어 보세요. 그 차이를 분석해 보면 나를 이해하는데 큰 도움이 됩니다.

어머니 - 이해 관계 없는 의견

'엄마', '엄마~~', '엄마!!', '엄마?', '엄마…', 중국어에 성조가 있듯이 우리말에 '엄마'라는 발음도 상황에 따라 다양합니다. 기쁠 때, 슬플 때, 놀랄 때 항상 우리 입에 붙어 있는 발음입니다.

개인적으로 '어머니', '엄마' 라고 하면 어떤 이미지나 단어가 떠 오르시나요?

희생, 사랑, 정(情), 이해심, 슈퍼맨, 작은 거인, 살림(집안일), 자장면, 고등어, 손맛, 김치찌개/된장찌개, 미소, 여유, 잔주름, 약손, 고생, 억척스러움, 나눔, 눈물, 한(恨), 수다, 잔소리, 긴 통화, 치매, 흰머리, 딸, 며느리, 아내, 고부갈등, 시집살이, 엄마와 딸… 너무나 많을 것입니다.

때로는 '돈(용돈)'을 좋아하는 사람, 택시도 안 타는 사람, 늘 괜찮다고 하시는 분, 50대 아들한테 차 조심하라고 잔소리 하시는 분, 나는 갈치 꼬리가 제일 맛있다고 하시면서 잔뼈만 발라 드시는 분, 곶감을 냉동실에 넣어 두었다가 남몰래 따로 챙겨 주시는 어머니, 아버지 몰래 용돈을 더 주시던 분, 손주를 키워 주신 분… 여러분은 어떤 기억을 갖고 계신가요?

군대 다녀온 남자들은 또 어떠세요? 군대에서는 힘든 훈련을 마치고 군가식으로 '나실 때 괴로움 다 잊으시고 ~~, 기르실 때 밤낮으로 ~~', 또는 '엄마가~ 보고플 때~ 엄마 사~진 꺼내 놓고, 엄마 얼굴~ 바라보면~ 눈물이 납니다~~' 라고 노래라도 하게 되면 눈물 바다가 되곤 했습니다.

자식이 잘났건, 못났건 당신 배 아파 낳은 자식에 대한 무한한 사랑…
어머니만 가능한 것 같습니다.

직장생활 중에 힘든 점이 있거나, 중요한 의사결정을 해야 할 때 누구를 찾으세요?

직장생활 중 기쁜 일이나 슬픈 일, 어려운 일은 어머니와 나눠 보세요.

그리고 중요한 의사결정을 할 때 한번쯤 어머니께 의견을 여쭤 보세요.

어머니는 솔직합니다. 어머니는 진심입니다. 어머니는 현실적입니다.
그리고 어머니는 나를 가장 잘 아는 분일 수 있습니다.

그래서 어머니는 아무 이해관계가 없이 자식이 잘 되기만 바라는 마음으로 판단을 하시는 분입니다.

정성값
부자는 정성값

'그 사람은 복이 많고 뭘 해도 잘 풀리는 것 같다'는 부러움의 대상이 되는 사람이 있습니다. 주변에 그런 사람이 있는지 살펴 보세요. 제 주변에도 있습니다. 20년이상 보험 영업을 해 온 지인을 만나 질문을 던졌습니다.

"세상에 부자도 많고 복이 많은 사람이 따로 있지요?"

"그렇죠. 있지요. 그런데 그거 다 '정성값'이예요."라는 대답이 거리낌 없이 나왔습니다. 그러면서 본인 생각을 말합니다.

"세상에 잘 된 사람들은 정말 남달라요. 그들의 공통점은 자기 일에 정성을 다한다는 것입니다. 정말 정성을 쏟아요. 가끔 놀란다니까요. 물론 가끔 젊은 사람 중에 '저 친구는 무슨 복을 타고 났나' 싶을 때가 있는데, 그들의 부모를 만나보면 딱 알아요. 부모가 정성을 많이 쏟아서 아들이 복 받은거죠."

제가 고개를 끄덕이니 다시 짧은 몇 마디를 남깁니다.

"내가 지금 정성을 쏟으면 내 당대에 나타나지 않더라도 자식들한테 영향이 가서 자식들이 잘 됩니다. 복 받아요." 자식들이 잘 되고 있는 집안을 보면 그 부모의 정성이 대단하다고 강조하며, 사례까지 들려 줍니다.

'진인사대천명(盡人事待天命)'이라고, 사람이 도리를 다한 후에 하늘의 뜻을 기다리라는 말이 꼭 맞다는 생각이 머리를 스칩니다. 회사 업무에 심혈을 기울여 몰입하는 것이 정성을 다하는 것이요, 만나는 사람과의 관계에 최선을 다하는 것이 정성을 쏟는 길이며, 가정에서 부모 형제자매들과 화목하게 지내고 서로 격려하는 것이 정성을 다하는 것이며, 자녀가 공부를 할 때 곁에서 같이 책을 읽으며 함께 하는 것이 정성을 다하는 것입니다.

한편, 수험생 자녀를 둔 부모가 100일 기도를 하고, 아이를 가진 산모가 태교를 하고, 교회나 절에 가서 기도를 하는 것이나, 자신에게 주문을 외며 기도하는 것도 모두 "마음의 정성"을 들이는 것입니다.

고객의 불만을 처리할 때도 정성을 다하면 감동합니다. 안 되는 것은 어렵다고 말씀 드리더라도 정성을 쏟으면 많이 이해해 주십니다. 사람간의 갈등이나 오해도 정성을 다해 진정성을 갖고 접근하면 풀릴 것입니다.

물론 정성을 다해도 안 되는 일이 있습니다. 하지만 최선을 다해 봐야 후회도 미련도 없을 것입니다.

우리가 쏟은 정성은 결국 좋은 일로 돌아 올 것임을 믿습니다. 그렇다고 정성을 쏟은 다음 복(福)을 바라는 것이 아닙니다. '진인사대천명'에서와 같이 기다리는(기다릴 대, 待) 것입니다.

지금 내가 받는 복은 그동안 내가 정성을 들여 노력한 결과이거나 부모님께서 지으신 '정성값'은 아닐까요?

또한 미래의 복도 스스로 짓는 것이 아닐까요?

"정성값"이라는 단어는 사전에 없지만 많은 사람을 만나고 다니며 깨달은 보험영업사원의 표현은 가슴에 크게 와 닿았습니다.

30 - 30분 먼저, 30분 더

첫 직장에 출근하는 자녀에게 부모님은 당부하십니다.

"회사에 일찍 가서 네 할 일 챙기고, 과장님 나오시면 커피도 한 잔 챙겨 드려"

하지만 신입사원은 부모님께 이렇게 말할 수 있습니다.

"근무 시간이 있는데 왜 일찍 가요? 일과 중에 집중근무하면 돼요. 그리고 요즘 커피 심부름 시키는 과장님 없어요. 걱정마세요"

직장 상사도 가끔 훈계를 합니다.

"일찍 나와서 할 일 챙기고, 아침에 공부도 하면 좋지"

하지만 아직도 전근대적인 성실성을 요구하는 상사가 있느냐고 반문할 수 있습니다.

이런 질문을 해 보세요.

30분 먼저 와서 일하는 사람과 정시에 출근해서 일하는 사람을 비교할 때 정규 근무 시간 내에 몰입도는 누가 더 높을까요?

몰입도와 출근 시간은 무관하며, 사람의 성향에 따라 다를 수 있습니다.

그렇다면, 인사고과나 평판은 어떨까요?

일찍 나와 자기 일을 챙기는 사람이 대체적으로 고과가 좋습니다.

공부든 일이든 몰입해서 하는 것이 효과적입니다. 몰입의 결과는 몰입강도와 지능에 따라 차이는 있을 것입니다. 다만 비슷한 수준의 IQ와 몰입강도라는 전제하에 차이를 내는 것은 바로 '몰입 시간'입니다.

몰입하는 시간의 크기가 차이를 가져 오는 것입니다. 30분 더 몰입 시간을 갖는다면 분명 차이가 있을 것입니다.

30분 일찍 출근할 때의 효과는 몰입 시간 외에도 있습니다.

요즘 직장에서는 각자 자기 일이 많아 서로 친해지기 쉽지 않습니다.

아침에 일찍 나와 서로 사적인 얘기도 나누면서 서로를 알게 되면 회사 업무를 처리할 때도 도움이 됩니다.

일을 빨리하는 성향인지, 다소 느리지만 꼼꼼한지, 어떤 분야에 관심을 갖고 어떤 분야에 전문성을 가졌는지, 어떤 고민을 갖고 사는지 파악할 수 있습니다. 그리고 업무 시간 전에 미리 업무 관련 고민도 나눠 볼 수 있습니다.

30분 일찍 나와서 자기가 할 일을 챙기거나, 공부를 하거나, 규칙적으로 운동을 하거나, 일찍 나온 동료들과 차를 마시면서 정보를 공유하는 활동이 멀리 보면 큰 도움이 됩니다.

아침에 밝은 표정으로 '차 한잔 하시겠어요? 제가 맛있게 타 드릴께요'라고 하는 후배 사원을 좋아하고, '차 한잔 할래요? 내가 맛있게 타 줄게요'라며 먼저 제안하는 선배 사원을 존경하는 것은 인지상정입니다.

그 뿐 아니라 사적인 모임이나 경조사에 조금 일찍 도착해 같이 참석한 사람들과 근황을 나누고, 서로를 알아 갈 수 있는 기회를 가질 수 있습니다.

엉덩이 - 관심을 갖고 아는 만큼 창의적일 수 있다

아이디어 하나로 세상을 바꾸는 사례를 종종 접하게 됩니다. 똑똑한 한 사람이 만 명을 먹여 살린다고 강조하기도 하고, 기발한 아이디어로 사업을 성공시킨 사례도 소개 됩니다.

그래서 학교 교육이나 기업 현장에서 멋진 아이디어/솔루션을 제시할 수 있는 능력을 요구하고 있습니다. 바로 창의성(creativity)입니다.

그만큼 창의성에 대한 연구도 활발합니다. 창의성은 타고 나는 것일까? 계발되는 것일까? 어떤 유형의 사람이 훌륭한 아이디어(솔루션)를 내는 것일까? 그런 아이디어는 불현듯 나타나는 것일까? 머리가 좋으면 창의적일까? 등 다양한 질문과 고민을 해 봅니다.

창의성은 "머리"가 아닌 "엉덩이" 싸움입니다.

결과물은 공을 들인 만큼 나옵니다.

다른 사람보다 아이디어가 조금이라도 더 기발하고, 더 위트 있는 사람은 남들보다 한 시간이라도 더 고민한 사람입니다.

누가 더 똑똑하고 더 기발한가의 문제가 아니라 누가 더 오래 열심히 연구(고민)하는가의 문제라고 할 수 있습니다.

이제 더 이상 갈 데가 없다고 생각할 때 한 발짝 더 가는 것,

이제 더 이상 쥐어짤게 없다고 생각될 때 한 번 더 고민하는 것,

그것이 좀 더 나은 결과, 좀 더 좋은 아이디어를 탄생시키는 비결입니다.

절박한 사람이 창의성을 발휘합니다.

창의성에 대한 연구를 많이 하신 분일수록 '창의성'은 '성실성'을 기본으로 발현되는 것이라고 강조합니다. 그래서 창조적인 아이디어는 어느 날 갑자기 떠오는 것이 아니라, 관련 분야 지식이 풍부하고, 오래 고민을 할 때 떠오른다는 것입니다. 고민하는 주제에 대해 많이 알고, 오래 고민을 하려면 '엉덩이'의 고통이 수반될 것입니다.

'엉덩이' 붙이고 머리를 짜 내는 고통 끝에 창의성이 발휘되는 것이며, 문제 해결을 위한 솔루션도 나오는 것입니다.

절박해야 고민하고, 엉덩이 붙이고 공부하는 사람이 창의력을 발휘할 수 있습니다.

긍정어
'죽겠다'고 말하는 만큼 일찍 죽는다면

'아아~ 죽겠다', '아아~ 피곤해', '아이~씨~~', '정말 짜증나', '에이 망했다'

이런 표현을 입에 달고 다니는 사람을 만나 보신 적 있으세요?

특히 말만 하면 남 탓을 하거나 다른 사람에 대해 험담을 하는 사람이 있습니다.

그 사람과 가까워지고 싶으세요? 왠지 부담스럽습니다. 그리고 내가 영향을 받는 것을 느낍니다.

말이 씨가 됩니다.

회사에서 구성원이 사용하는 용어나 가정에서 부부지간에 선택하는 용어를 잘 분석하면 퇴직 가능성, 이혼 확률을 어느정도 예측할 수 있습니다. '조직몰입'을 강조하는 H컨설팅사는 'Say-Stay-Strive' 구조를 제시합니다. 즉, 조직 내에서 긍정적으로 말하는(say) 사람이, 조직 내에 머물며(stay), 열심히 자기 일을 한다(strive)는 것입니다. 다시 말해 맡은 직무에 충실하며 노력하고 이를 통해 성과를 내는 사람의 특징은 말부터 긍정적으로 한다는 것입니다.

우리가 언급하는 부정어를 긍정어로 바꿔 표현해 보세요.

'할 만 하네', '해 보자', '나만 힘든가?', '일이 있어 행복하다', '열심히 하면서 방안을 찾아 보자', '그 사람도 무슨 사정이 있겠지', '입장 바꿔 생각해 보자', '잘 될 거야', '같이 도와서 잘 해 보자', '난 복이 많은 사람이야', '다 잘 되잖아' 등입니다.

긍정어를 통해 자존감을 높이고 주위에 긍정의 에너지를 전파해 보세요.

직장생활, 나는 잘 하고 있을까?

긍정착각 - 착각일지라도 긍정적으로

'내가 제일 잘 나가~, 내가 제일 잘 나가~, 내가 제일 잘 나가~, 누가 봐도 내가 좀 죽여주잖아, 둘째 가라면 이 몸이 서럽잖아, (중략) 난 앞만 보고 질주해~, 도도한 걸음으로 나선 이 밤~; 내가 제일 잘 나가, 내가 봐도 내가 좀 끝내 주잖아~~, 가치를 논하자면 나는 billion dollar baby~'

2NE1의 노래 '내가 제일 잘 나가' 라는 노래 가사 입니다.

처음 들었을 때는 '자기 고양 편향성(self-serving bias)'이 강하게 느껴집니다. 편향성은 자기가 뭔가를 해서 긍정적인 결과를 가져오면 과대평가를 하고, 부정적인 결과를 가져 오면 과소평가를 하는 심리적 특성으로 기분 좋은 일이 있으면 더욱 강해집니다. 자기가 한 잘못이나 실수에 관대해지고, 조금 잘 한 것은 과시하는 심리적 특성으로 볼 수 있습니다.

현대인은 남과 비교를 많이 하게 되며, 스트레스가 많습니다.

루저(loser), 엄친아, 된장녀 등이 화제가 되며 최근에는 힐링이 사회적 유행입니다. 힐링의 핵심은 자기 자신의 소중한 가치, 자존감(self-esteem)을 찾고, 긍정의 에너지를 얻는 것입니다.

그래서 힐링은 캠프를 가야만 가능한 것이 아니라, 일상 생활과 언행을 통해 가능하며, 이를 위해 2NE1의 '내가 제일 잘 나가'라는 노래의 가사처럼 스스로 내가 제일 잘 나간다는 '긍정의 착각'으로도 가능한 것입니다.

물론 착각보다는 냉정하게 자신의 모습을 잘 아는 것(self-awareness)

이 중요합니다. 하지만 너무 냉철하게 자신을 보면 내가 잘 난 것이 없어 보이고, 스스로 부족함을 많이 느끼게 될 것입니다. 스스로 부족함을 느낄 때 이런 감정이 자극이 되어 자기 발전의 원동력이 될 수도 있습니다. 하지만 긍정의 심리학에서는 긍정적인 생각, 긍정적인 말, 긍정적인 행동(태도)으로 더 나은 발전과 성과를 낼 수 있다고 강조합니다. 비록 내가 지금은 다소 부족하지만 그럼에도 불구하고 '나는 이런 면에서 조금 잘 났다.' 라는 점을 발견해 보세요. 작은 장점이라도 좋습니다.

'가진 건 없지만 건강하다, 난 성격이 좋다, 이해심이 강하다, 사교성이 있다, 깊이가 있다, 토론을 잘 한다, 운동을 잘 한다, 야무지다, 봉사를 많이 한다, 노래를 잘 한다, 분위기를 잘 맞춘다, 요리를 잘 한다,' 등 셀 수 없이 많습니다. 남녀노소를 불구하고 개인이 잘 하는 점은 분명 많이 찾을 수 있습니다.

나의 강점(내가 좀 잘 나가는 점)을 찾아 보고, 혹시 발견이 어렵거나, 객관적으로 강점이 아니라고 판단이 되더라도 의도적인 '긍정착각'을 해 보세요.

긍정착각은 나를 변화시키며, 변화된 내 모습을 보는 남들이 나에 대한 긍정 이미지를 갖게 된다고 합니다. 비록 착각일지라도 그렇다는 것입니다.

그래서 나의 착각대로 남이 변하게 되고, 상대의 착각대로 나 또한 변하며, 조직의 착각대로 내가 변하고, 나의 착각대로 조직이 변할 수 있습니다.

긍정착각이 나와 남과 조직을 변화시켜 성공을 가져올 것입니다. 냉철한 현실 직시를 출발점으로 하고, 약간의 욕심과 의도를 반영해 긍정착각을 하고, 착각한 수준에 도달하기 위해 태도(attitude)를 바꿔 보는 것입니다.

　나의 강점, 긍정착각 포인트를 찾아 보는 시간을 가져 보세요. 가족이나 주변 사람에게 물어 보는 것도 좋은 방법입니다.

때문에 vs. 덕분에 - 남탓 독약, 내탓 보약

우리는 가정에서나 직장에서 가끔 이런 말을 듣습니다.

'어린 시절 어려운 가정 환경 때문에 공부를 제대로 못했습니다.'
'우리 아이가 머리는 좋은데 사춘기 때 친구를 잘못 만나서 저 모양입니다.'
'자식 키우느라 노후 준비는 생각지도 못했습니다.'
'친구 믿고 돈 빌려 주고 보증 섰다가 망했습니다.'
'우리 회사는 투자를 적게 해서 제대로 성과가 안 납니다.'
'팀장이 품의서 보고 오타 고친다고 몇 번이나 수정하면서 결재가 늦
  었습니다.'
'사업부장이 윗분 눈치 보느라 소신이 없고 책임도 안 집니다.'
'지원부서가 지원을 해 주기는 커녕 너무 손익이나 절차만 요구하여
  신사업을 하기 어렵습니다.'
'월급이 적어 다른 회사로 옮기는 직원이 많습니다.'
'중소기업이라 학생들이 안 오고 근무지가 지방이라 사람 뽑기 힘듭니다.'
'생산 설비가 노후해 품질 불량이 많습니다.'
'연구개발 단계부터 제대로 설계해서 품질문제를 잡아야지 제조 공정
  에서만 불량을 줄이라고 하면 어떻게 합니까?'

모두 "~때문에"라고 생각하는 즉, 남 탓하는 의식에서 비롯되는 말이 아

넌지 생각해 보게 됩니다.

　'어릴 적 집안 사정이 어려웠던 덕분에 나는 어느 누구보다 생활력이 강해졌다'

　'사춘기에 다양한 친구를 만난 덕분에 나는 생각의 깊이가 깊어졌다'

　'현재 나는 직장을 가진 덕분에 가정을 꾸리고 나와 가족이 행복한 삶을 살 수 있다'

　'지원부서에서 챙기는 덕분에 Risk를 줄일 수 있다'는 식으로 바꿔서 표현해 보세요.

위와 같은 생각과 표현은 모두 "~덕분에"라는 인식에서 시작될 수 있습니다. 어떤 어려운 상황에서도 남을 탓하기 보다 '남 덕분에'라고 생각하세요.

모순 - 말과 행동의 모순이 최악의 평판을 낳는다

"이 창으로 뚫지 못할 방패는 없습니다"

"이 방패는 어떤 창도 막을 수 있습니다"라고 자랑하는 장사꾼에게

"그렇다면, 그 창으로 그 방패를 뚫어 보시오" 하였습니다.

한마디로 '모순, 矛盾(창 모, 방패 순)'입니다.

우리 일상에서도 모순은 많이 목격됩니다.

명절이 되면 시집 간 딸이 친정에 빨리 오기를 바라면서, 며느리는 집안일을 더 하고 친정에 천천히 갔으면 하는 어머니의 바람도 모순입니다.

회사 실적은 나쁘고 일은 적게 하고 싶은데 성과급은 더 늘었으면 하는 마음도 모순입니다. 욕심이라고 할 수 있지요.

세금은 적게 내고, 복지는 늘려 달라고 하는 것도 일종의 모순으로 볼 수 있습니다.

사람들의 마음 속에는 자기중심적인 생각이 강해 말과 행동에 모순이 발생하는 것입니다.

회사는 혁신, 변화를 강조합니다. 어떤 회사도 변화하지 않는 곳은 없을 것입니다.

설문 조사를 통해 변화에 대해 인식을 조사해 보면 '나는 변하는데, 남(회사)은 변하지 않는다'는 답변이 많습니다.

각자는 변하고 있고, 변화를 수용하고 있다고 합니다. 그러면서 다른 사람은 변화에 동참하지 않는다는 의견입니다.

직장생활에서 보면 서로 협업을 해야 한다고 강조 하면서, 첨예한 이슈가 부딪히면 내 주장만 강하게 합니다. 결과에 대해 의견을 들어 보면 내 뜻대로 되면 협업이 잘 되었다고 하고, 내 뜻대로 되지 않으면 협업이 안 되었다고 합니다. 그 이유는 사람은 누구나 자기중심적이기 때문입니다.

내 뜻대로 되면 좋고, 내 뜻대로 되지 않으면 불편할 수 있습니다. 하지만 우리가 먼저 챙겨 봐야 할 것은 바로 '자기모순'입니다.

사람은 어찌 보면 모순덩어리이고, 비합리적이며, 다분히 감성적이라고 생각합니다. 저도 마찬가지입니다. 그래서 자신을 체크해야 합니다.

조직 생활에서 내가 한 말과 행동에 모순은 없는지 살펴보며 스스로 모순(矛盾)에 빠지지 않도록 해야합니다.

종이타월(paper towel)
한 장이 인생을 바꿀 수 있습니다.

'화장실에 갔을 때 종이 타월을 몇 장 정도 사용하세요?'

신입사원 면접 때 했던 질문입니다.

"저는 두 장 사용합니다."

"저는 두세 장 정도 사용하는 것 같습니다."

"저는 두세 번 잡아 당겨서 나오는대로 사용합니다. 네 장 정도 될 것 같습니다."

"저는 사용하지 않습니다."

이렇게 다양하게 답변이 나옵니다.

여러분은 어떤 사람에게 더 좋은 점수를 주고 싶으세요?

이런 질문과 답변만으로 사람을 판단하기 어려워 추가 질문을 해 봅니다.

두세 번 잡아 당겨서 나오는대로 사용한다는 사람에게 묻습니다.

"혹시 집에서 티슈 뽑아 쓸 때도 그렇게 사용하세요?"

"회사에서 일회용 종이컵을 사용하세요? 개인 머그컵을 이용하세요?

"회사에서 자료 인쇄를 많이 하는 편인가요? 집에서도 자료를 인쇄해서 보세요?"

그렇다고 할 수도 있고, 집에서는 그렇지 않다고 할 수 있습니다.

종이타월 몇 장을 사용하는지 그 자체에는 큰 의미를 두지 않습니다.

상황에 따라 몇 장을 더 쓸 수도 있습니다. 다만 회사나 공공 장소에서 물품을 사용할 때와 개인 물품을 사용할 때 차이가 있는지를 보는 것이 평가 포인트입니다.

직장에서 사소한 물품도 주인의 관점에서 내 것이라고 생각하면 아깝습니다.

중소기업 사장이나 자영업을 하는 분들을 만나 의견을 들어 봅니다.

"정말 별 것 아니고 그런 말조차 하면 직원들이 사기 떨어질까 싶어 말을 안 하지만, 솔직히 회사에서 일회용 컵을 함부로 사용하는 사람은 좋게 보이지 않아요"

"자기 텀블러나 머그컵 사용해 주는 직원이 얼마나 이뻐 보이는데요."

주인의 솔직한 심정입니다.

언젠가 신문 기사에 '짠돌이 직장인'을 다룬 적이 있습니다. 회사가 주는 밥을 먹고, 회사에서 지급하는 다양한 복리후생 제도(차량, 숙소 등)를 충분히 활용하여 개인 사비를 덜 쓰며, 알뜰하게 살아서 통장이 두둑하다는 내용이었습니다. 그런데 그 기사의 끝에 하물며 화장실도 회사에서 이용한다고 할 정도로 심한 모습도 살짝 다루었습니다.

내 것을 그만큼 아끼고 사랑하는 사람은 참 훌륭합니다. 그런데 일부에서 내 것은 아끼면서 회사 것은 내 것이 아니라는 생각으로 나타나는 행동들을 목격할 수 있습니다.

가령, 회사에서 출장 교통비를 실비로 지급한다고 해 보겠습니다. 버스나 지하철 노선이 편리하고 시간도 절약됨에도 불구하고, 콜 택시를 불러 이용하고 매월 몇십만원의 영수증을 처리하는 모습을 본다면 어떨까요?

포스트잇이나 볼펜 등 사무용품을 새로 샀는데 사무실 이전을 할 때 박스채로 처박혀 있는 사무용품을 보면 어떤 기분일까요?

내 회사라면 어떻게 했을까요?

퇴근하면서 사무실 불은 잘 끄고 나왔는지, 프린터 토너가 비싸다는 것을 알면서 회사에서는 아무 생각 없이 출력하지는 않았던가? 행사장에 가면 뚜껑만 따고 마시다 만 물병(음료수)이 가득합니다.

만약 절약한 돈을 사원들에게 돌려 준다면 어떨까요?

생산 현장에서 소모성 일회용 목장갑을 한번 사용하고 버리는 것이 너무 아까워 아끼라고 해도 전혀 반응이 없더니, 목 장갑 아낀 돈을 각자에게 나눠 줬더니 목장갑을 빨아 사용했다는 혁신의 사례는 매우 유명합니다.

내가 회사에서 '내꺼'라는 생각으로 아낀 비용을 다 모으면 큰 돈이 될 것입니다. 그 돈이 모여 성과급은 늘어 납니다. 나 하나는 적지만 회사 전체로 보면 큰 돈입니다. '내꺼'라는 생각으로 알뜰하게 사용하고, 내 것과 회사 것을 구분하여 양심의 가책을 느끼는 행동은 하지 않아야 할 것입니다.

직장에서 사용하는 많은 사무용품, 각종 부자재는 작은 것이라도 주인된 마음으로 아껴야 합니다.

종이타월 하나가 합격을 결정 지을 수 있고, 종이컵 하나가 직장생활의 평판을 결정할 수 있습니다.

주인의식 - 주인처럼 행동하면 어떻게 될까?

투자의 귀재라고 하는 워렌 버핏은 어떻게 성공할 수 있었을까요?

그는 이렇게 말했습니다.

"내가 사장이라 생각하면서 일하는 사람들, 주인으로서의 책임감을 갖고 최선을 다하는 것, 직장인이라면 자신의 돈으로 투자하고 판매하는 것처럼 절박하게 고민하고 행동해야 성공할 수 있다. 단순히 대리인이라는 생각으로 적당히 행동해서는 결코 치열한 경쟁에서 이길 수 없다. 오너처럼 행동해야 실력도 쌓이고 궁극적으로 CEO도 되고 오너도 될 수 있다. 남의 일을 하면서도 오너처럼 생각하고 일하는 사람들이 1,000명에 한두 명은 꼭 있다. 한 사람 주인의 눈이 열 사람 직원의 눈보다 밝다고 한다. 주인과 직원은 사명감, 책임의식이 완전히 다르기 때문이다. 그렇기에 주인의식을 가지고 사는 사람이 진짜 주인이 된다. 반면 남의 일을 대신해 준다고 생각하는 사람은 영원히 그 자리에 머물게 된다."

회사는 주인의식을 강조하며 요구합니다.

하지만 주인이 아닌 사람이 주인의식을 갖기 매우 어렵습니다.

다만, 주인의 관점에서 조금 더 생각해 보고, 주인처럼 행동해 보세요.

저는 그런 직장인이 주인의 자리에 오를 수 있다고 생각합니다.

Job holder - 요일따라 일을 하면 종업원, 일따라 요일을 정하면 주인

명예 퇴직을 하고 사업을 시작한 선배를 만났습니다.

좋은 직장을 그만 두고 사업을 시작해 2년 정도 되었을 때 그가 했던 말입니다.

"회사를 떠나 보니 직장생활 할 때가 좋았어. 있을 때 더 잘 할 걸 하는 후회도 한다. 솔직히 나오면 무엇이든 잘 할 수 있을 것이라고 자신 했지. 그런데 쉽지 않더라고. 하지만 내가 2년 동안 깨달은 바가 크고 그것이 내 자산이라 생각해"

그러면서 깨달은 바를 늘어 놓습니다.

"직장 다닐 때는 주 5일 근무하고, 주말이 기다려지고 그렇잖아. 당연한 것이지. 그리고 솔직히 왠만한 회사는 이제 시스템적으로 돌아가니까 가능 하잖아. 또 한편 생각하면 회사 일이라는게 조금 늦어질 수도 있으니 여유를 가질 수도 있겠다 싶어. 그런데 나와서 내 일을 하니 안 그래. 잠이 안 와. 할 것도 많고. 시간은 절대 부족하더라."

"월, 화, 수, 목, 금, 토, 일 정해 두고, 월요일부터 금요일까지 일하고, 주말에 쉬는 직장생활이 얼마나 좋은 줄 알아? 내 일을 해 보니 요일이 의미가 없어. 일이 없으면 일요일이지. 일이 있을 때 하는 것이고. 회사를 나와 세상을 보면 요일 개념 없이 일하는 분들 많다는 것을 알게 된다."

"요일 정해 두고 정해진 요일에 일하고 못 한 일은 다음 주로 넘기는 것은 전형적인 직장인의 태도이자 종업원 마인드라고 생각해. 주인 마인드는 일이 있을 때는 요일이 의미 없다 생각하고 일을 한다는 것이지."

"물론 일과 삶의 균형이 중요하지. 워라밸(work and life balance) 정말 좋은 말이지. 그런데 주인이 되어 보니 그건 배부른 소리더라. 직장에서도 자기 일은 자기가 책임지고 하겠다는 마음으로 더 잘 해 보려고 하면 요일의 의미가 없어질거야. 꼭 일이 아니더라도 그 일을 잘 하기 위한 공부도 할 수 있는 것이잖아."

"직장생활을 할 때 내 일에 대한 책임자가 되어야 해. 한마디로 Job holder, 직무수행자, 직무 책임자라고 표현할 수 있겠지. 일의 주인이 되는거야. 물론 내가 회사의 주인은 아니지만, 내게 주어진 일에 대해서는 주인이 되어야지."

"나도 다시 직장 가서 일 한다면 난 내 일에 대해 확실히 주인이 될 거 같아. Job holder 말이지. 내 일에 대한 주인이 될거야. 요일이 무슨 의미가 있겠니? 일이 없을 때가 일요일이지."

"물론 적당한 휴식을 통한 재충전이 매우 중요해. 건강도 중요하잖아. 그러니까 직장에서도 요일에 얽매지지 말고, 일이 적을 때는 팍팍 쉬어야지. 그리고 일을 할 때는 주말도 없이 해야 한다는 뜻이야. 오해하지 마라. 일이 있는데 주말이라고 그냥 넘기는 태도가 전형적인 종업원 마인드라는 것이야."

그런데 회사 다닐 때는 자기도 몰랐다고 하며, 다시 직장을 다니면 더 잘 할 수 있을 것이라며 후회와 다짐을 하는 선배의 모습에서 많은 것을 읽을 수 있었습니다.

유리 도마
직장인은 유리 도마 위의 인형

'월급쟁이(근로소득자)' 소득을 '유리지갑'이라고 표현하곤 합니다.

소득이 정확히 관리되어 소득에 대한 세금을 내고, 소득에 따라 수혜 대상이 결정되는 각종 지원도 엄격히 적용을 받는다는 의미입니다. 조직 생활을 하는 현대인의 삶이란 '유리 도마 위의 인형'이라고 생각합니다. 그만큼 모든 것이 노출되어 있습니다. 사방에서 모두 볼 수 있습니다. 현대인의 생활은 너무나 많은 곳에 노출되어 있습니다. 아침에 집에서 나오면 현관 앞이나 도로에 CCTV가 지켜봐 주고, 차량을 이용하면 블랙박스에 기록이 남고, 어디를 다녔는지 하이패스 단말기나 네비게이션에 메모(검색기록)가 되어 있습니다. 걸어 다녀도 위치가 파악되는 스마트폰을 대부분 갖고 다닙니다. 전화 통화나 문자, 카톡, 밴드, 카스, 페이스북을 하면 모든 기록이 남게 됩니다. 전화 신호만 보내더라도 발신지 정보가 남게 됩니다. 출퇴근 할 때 사원 출입증을 대면 출퇴근 기록이 남고, PC를 켜고 끄면 기록이 남을 뿐만 아니라, 근무 중에 접속한 모든 웹페이지 및 사내시스템에도 Log가 남게 됩니다. 신용카드를 사용하면 사용한 장소, 금액, 시간이 모두 남고, 사진을 찍어도 시간, 장소가 GPS 인식을 통해 남을 수 있습니다. 어디에서 누구를 만나 무슨 활동을 하는지 금방 알 수도 있습니다. 개인 소득은 얼마이며, 보험, 연금 가입 내역도 알 수 있고, 어디에 살며, 차종은 무엇인지도 알 수 있고, 병원을 가거나 건강검진을 하게 되면 그 결과조차 알 수 있도록 시스템이 되어 있습니다. 빅데이터가 편리할 수 있지만 무서운 이유입니다. 추적이 가능하고 행동 패턴을 보며 유추도 가능하다는 것입니다. 회사 안에서도 직무와 관련된 업무 분장, 업무량, 성과도 관리되고 있으며, 개인의 속성이나 성향도 진단하는 도구가 있고, 서로에 대한 평판, 리더십도 모니터링 되어 관리되는 세상 속에 우리는 살고 있습니다.

내가 숨기고 싶은 것을 뒤로 감추어도 뒤에서 보이고, 내가 했던 거짓말이나 행동도 바로 들통나게 됩니다. SNS의 발달로 '신상털기'가 즉각 이루어지는 것만 봐도 알 수 있습니다. 그만큼 우리 사회나 조직에서 도덕성, 진정성을 요구하는 것입니다. 선의의 거짓은 물론 과장된 표현이나 임기응변식 대응이나, 사람이나 상황에 따라 달리 말하거나, 듣기 좋은 말로 현혹 하는 모든 언행이 진실이 밝혀지면서 신뢰에 문제를 일으키게 됩니다. 개인의 삶이 온전히 개인의 것이 아니고 사회와 조직과 더불어 살며 노출이 될 수 밖에 없습니다. 그래서 남이 보이지 않는 곳에서 더욱 도리에 어긋나지 않게 살아야 한다는 '신독(愼獨)'을 생각하며, 더 높은 수준의 진정성과 도덕성을 갖춰 가야 할 것입니다.

직장인의 생활이 유리 도마 위에 올려진 인형과 같다는 말에 회사가 사람을 관리한다고 생각하면 불편할 수 있지만, 본연의 역할에 충실하며 정직하게 생활한다면 전혀 불편함이 없을 것입니다. 오히려 어려운 일이 생겼을 때 도움이 될 것입니다.

거짓말 - 일부러 말하지 않는 것도 거짓말

'엄마, 책 사게 용돈 좀 주세요', '아빠, 친구들과 MT 다녀올게요', '저 독서실에 가요'와 같이 학창시절에 거짓말을 해 본 경험 있으신가요? 잡비가 필요하고, 친구와 여행을 떠나고 싶고, 때로는 독서실에 간다고 하고 친구와 놀고 싶어서 거짓말을 하는 사례입니다.

엄마가 아들에게 전화를 걸어 "밥을 잘 챙겨 먹고 다니냐?" 하고 여쭤보시면 간단히 먹었을 때도 '예 잘 챙겨 먹었습니다. 걱정 마세요'라며 선의의 거짓말을 하기도 합니다.

회사일을 하면서 거짓말을 해 본 적이 있으신가요? 아니면 남이 나에게 거짓말을 했구나 하는 생각이 들었던 경험이 있으신가요?

나는 거짓말을 하지 않았다고 생각하지만 남이 거짓말을 한 것으로 오해할 수 있습니다. 그 이유는 간단합니다. 거짓말의 의미를 살펴 보면 금방 이해가 됩니다. 거짓말은 '말하는 사람이 어떤 내용이 거짓이라는 사실을 알고 있으면서 듣는 사람에게 다른 내용을 말하는 것'입니다.

거짓말은 범위가 매우 넓습니다. 말하는 내용 전체 중에 일부는 사실이고, 일부는 다른 내용을 말하는 것도 거짓말이며, 어떤 사실 전부를 아예 통째로 말하지 않는 것도 의도된 거짓입니다. 가령, 품질 문제가 발생하였을 때 사실은 내 잘못이 가장 크지만 전후 공정에 문제가 더 큰 것으로 말하는 것 자체가 거짓말의 전형적인 모습입니다. 즉, 남의 잘못을 부각시켜 내 잘못이 적어 보이게 하려는 나쁜 의도인 셈이지요. 때로는 잘못된 일에 대해 보고 자체를 하지 않거나, 보고 타이밍을 조절하는 것이나, 유리한 부분만을 말하거나, 본질은 숨겨 두고 부가적인 부분을 부각시켜 듣는 사람의 판단을 흐리게 하는 것도 모두 거짓말이라고 할 수 있습니다. 가령, 사업성 검토를 하면서 경제적 효과가 10억 일 것 같은데 15억이 될 것이라고 과장하는 것도 일종의 거짓말입니다. 경제적 효과나 타당성을 분석할 때 전제조건을 제대로 분석하지 않고 의도된 방향으로 조작하거나 추론하는 것도 거짓말입니다. 하물며 회의 도중에 본인이 알고 있는 사실에 대해 말을 하지 않는 것도 묵언의 거짓말이라고 볼 수 있습니다. 때로는 사후에 '왜 그 때 말하지 않았느냐?' 라고 물었을 때 '물어 보지 않는데 굳이 말할 필요 없잖아요'라고 말하는 태도도 거짓입니다.

기업경영이나 조직생활에서 사실과 달리 말하는 것, 추론하여 전달하는 것, 과장이나 과소하게 전달하는 것, 해야 할 말을 하지 않는 것, 필요한(의도된) 말만 하여 판단을 흐리게 하는 것(부분 거짓말), 회의 때 알면서 지켜만 보는 태도, 때로는 보고 시기를 조절하는 행위 등 모두 양심의 가책을 느낄 수 있는 거짓된 행위들입니다.

사람은 누구나 자기보호본능과 욕심이 있어 거짓 행위의 유혹에 빠진다고 합니다. 그 수준은 개인의 성향이나 성품에 따라 차이가 날 수 있습니다. 하지만 거짓말을 해서는 안 되며, 추론을 해서 전달해서도 안 되고, 이 사람한테 한 말과 저 사람에게 한 말이 달라서도 곤란합니다. 처음부터 거짓말을 하여, 거짓말을 숨기거나 변호하기 위한 거짓말을 또 해야 하는 모습을 TV 드라마에서도 종종 봅니다. 모두 개인의 신뢰/신용의 문제가 되어 평판이 나빠지고 성과를 잘 낼 수 없으며, 개인적으로도 결코 행복할 수 없을 것입니다. 특히 기업도 마찬가지 입니다. 또한 거짓말이 관행이라는 이름으로 용서되어서도 안 됩니다. 거짓말의 정의를 확대 적용해서 객관적인 사실에 근거한 소통, 솔직한 업무 검토가 되어야 회사도 살고 개인도 행복해 질 수 있습니다.

침 - SNS 악성 댓글은 누워 침 뱉기

기분이 나쁠 때 '침'을 뱉는 사람이 있습니다. 습관적으로 침을 뱉는 사춘기 청소년도 있습니다. 화장실에서 담배를 피우며 침을 뱉기도 하고, 길을 걷다가 침을 뱉기도 합니다. 침을 누워서 뱉으면 내 얼굴에 그대로 떨어집니다. 그래서 '누워침뱉기' 라는 표현이 있습니다. 침을 '퉤퉤~" 뱉고, 불평을 늘어 놓으면 사람의 표정이 바뀌고, 인상이 바뀝니다. 그렇게 굳어진 표정이 관상이 됩니다. 즉, 사람은 관상이 중요한데, 그 관상은 작은 생각이나 습관으로부터 형성되는 것입니다. '상(相)'이 계속 바뀌는 이유이기도 합니다. 관상이 좋지 않으면 복이 따르지 않는다고 하는데, 부정적 생각과 불평불만으로 스스로의 관상을 복없는 관상으로 만들어 간 것은 아닐까요?

최근 SNS의 발달로 자기 표현의 기회가 많아졌습니다. 익명이라 표현의 자유는 더욱 보장되는 셈입니다. 하지만 아무리 익명이라도 누군가는, 언젠가는 글쓴이에 대해 파악할 수 있다는 경계심을 가지세요.

회사 입사지원자가 카톡 상태 표시에 '더는 못 참아~'라고 적혀 있는 것을 보았습니다. 그 친구는 취업 재수생이었습니다. 회사 채용 담당자가 '이 친구가 사회에 반감을 갖고 있나? 아니면 '개인 감성 상태가 격한가?' 등으로 오해하며 이런 친구를 뽑아야 할 지 고민을 하게 됩니다. 정작 본인에게 확인해 보니, 그 전날 여자친구와 헤어지고 열 받아 잠깐 바꾼 것이라고 합니다. 그만큼 SNS의 글은 내가 생각하는 이상의 영향력이 있고, 누군가가 보고 평가를 할 수 있으며, 특히 부정적인 생각과 글은 결코 도움이 되지 않습니다. 자기 자신에게 하고 싶은 이야기는 혼자 보는 공간에 크게 적어 두고 성찰을 하는 것이 좋지 않을까요?

자기가 속한 회사에 대한 글도 마찬가지입니다. 조직 내에서 문제를 제기하고, 논의하고 해결해 가는 것이 적정합니다. 아무도 안 볼 것이고 내가 말 한 줄 모를 것이라는 착각은 하지 않아야 합니다.

조직이나 사회현상에 대해 언제든 건전한 비평이 필요합니다. 다만, 자기가 아는 정보만으로 판단한 자기 생각과 감정을 SNS(앱이나 페북 등)에 표현하는 것은 '누워 침뱉기'입니다. SNS에 무심코 남기는 글이 '누워 침뱉기'가 되지 않도록 조심해야 합니다.

Gray Zone
나만 일이 많아요?

직장생활 하면서 겪는 고충이 무엇입니까? 라고 물었을 때 공통적으로 많이 나오는 답변은 '상사가 내 말을 들어 주지 않고 나와 안 맞아요', '업무분장이 명확하지 않고 내가 일을 잘 하니 나에게 일이 많이 몰립니다', '나는 변화를 하고 있는데 남이 변하지 않는다', '나는 남보다 일이 많고 더 잘하는 것 같은데 고과는 잘 주지 않는 것 같습니다.' 라는 내용이 많습니다.

대부분의 회사가 비슷한 수준의 답변 비율이 나옵니다.

여기서 키워드는 바로 '나' 입니다.

즉, 나는 변화를 하고 있고, 나는 일이 많고, 나는 일을 열심히 하고, 나는 일을 잘 하고, 나만 고생 하는 것 같다고 인식하는 것입니다. 그만큼 나를 중심으로 생각하는 '자기중심성'이 강한 것이 인간의 본질적인 속성인지도 모릅니다.

업무 분장이 명확하고 상사와의 관계가 좋아 행복한 직장은 흔하지 않을 것입니다.

한 공기업에서 만난 직원은 "내가 이 나이에 아직 이 일을 하고 있는데 이 짓을 몇 살까지 해야 할 지 모르겠다"며 따분한 일상 업무와 나이가 들어도 같은 일을 하는 것에 대한 불만을 토로하였습니다.

또 한번은 모 사기업에서 만난 차장이 "제가 이 자리에 얼마나 더 있을 수 있겠어요. 이 일을 언제까지 하라고 시켜 줄 지 모릅니다"라고 합니다. 그는 사오정(45세)을 갓 넘긴 나이지만 사기업에서 자리(직장)에 대한 불안감을 표시하였습니다.

위와 같이 공기업은 분업 분장을 덜 맡고 싶어 하고, 사기업은 하고 싶어도 원하는 기간까지 못하는 현실을 걱정합니다.

그래서 공기업이나 공무원 조직과 달리 사기업 특히, 잘 된다는 기업에서 나타나는 특징은 바로 애매한 업무 영역(gray zone)에 대해 서로 업무를 담당하려고 한다는 것입니다. 다시 말해 업무 분장이 애매할 때 서로 하고자 하는 사람이 많은 조직은 건전하게 발전하지만, 업무 분장이 애매한 일에 대해 서로 눈치를 보며 하고 싶어 하지 않는 사람이 많은 조직은 발전하기 어려울 것입니다.

나를 중심으로 생각하면 일이 많고 내 일이 많아 보일 수 있지만, 역할을 바꿔 보면 또 다른 생각을 하게 됩니다.

업무 분장에서 고민이 생기고 나만 고생하는 것으로 느껴지면 이렇게 생각해 보세요.

"나만 고생하는 것이 아니다. 다른 사람도 말 못할 고충이 있을거야"

"내가 조금 더 하자"

'나서면 내가 일이 많아진다', '가만히 있으면 누군가는 하겠지', '지금도 일이 많은데 어떻게 해' 등 소극적인 생각에서 벗어나야 합니다.

Gray Zone "C"

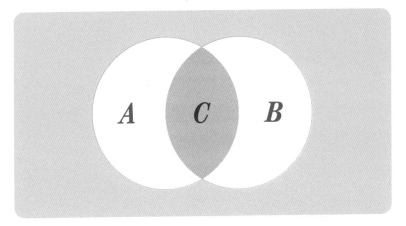

마당 - 누가 쓸든 깨끗한 것이 우선

"주인님, 마당을 깨끗이 쓸었습니다."

"그래, 고생했소. 그런데 저기 저 곳은 아직 낙엽이 있군요."

"예, 그 곳은 김씨가 맡은 구역인데 아직 청소를 못한 것 같습니다. 제가 맡은 구역은 끝났습니다."

"그래요. 감사합니다. 그런데 김씨는 무슨 일이 있습니까?"

"예 어제 늦게까지 일을 하더니 몸살이 난 모양입니다."

"거 참 안타깝네요. 김씨가 어서 몸이 괜찮아져야 할텐데요."

주인은 마당이 깨끗하기를 바랍니다. 그래서 청소를 시킨 것입니다.

머슴들간에 구역을 나눠서 하는지, 어떤 방식으로 하는지는 관심이 덜할 수 있습니다.

그런데 구역을 나누고, 몸살로 일을 못하는 김씨를 알면서도 자기 구역 청소를 잘 했다고 보고하는 머슴을 어떻게 평가할까요?

직장 일도 유사한 경우가 많습니다.

업무 분장이란 개인이나 조직이 효과적으로 일하기 위한 방법이지만, 결국 조직의 목표를 달성하는 것이 중요합니다.

"내 구역 청소를 하였습니다."는 중요하지 않습니다.

"우리 마당이 깨끗합니다."가 중요한 것입니다.

업무분장 - 상사 앞에서 싸우면 둘 다 죽습니다

제가 경영컨설팅을 할 때 경험했던 일입니다.

조직 진단 및 직무 분석을 통해 적정 업무량을 판단하고 업무 분장을 하였습니다. 그런데 두 부서 간에 중복되는 영역(gray zone)이 생겨 부서장(임원급)끼리 업무 분장에 대한 논의를 하였습니다.

Gray zone의 업무가 신경 쓸 일이 많은데 성과가 눈에 보이지도 않고, 책임은 많은 '계륵' 같은 일이었습니다. 솔직히 두 부서가 내심 맡기 싫은 것이었습니다.

임원간 업무 분장이라 기획 및 인사 담당 임원과 상의를 하였지만 두 임원간에 합의가 어려웠습니다. 그래서 전문 경영인인 총괄 부사장께 보고를 드렸습니다. 부사장께서는 사안에 대해 판단해 보시며 양쪽 의견을 충분히 들어 보고, 대안을 제시하였습니다. 하지만 그 대안이 양쪽 임원 모두를 충족시키기는 어려웠고, 여전히 합의점을 찾기가 어려웠습니다. 결국, 오너 CEO께 보고를 하게 되었습니다.

업무 분장 이슈를 다 들어 본 주인의 한마디입니다.

"둘 다 그만 두라 하세요"

그것이 업무 분장의 이슈로 싸울 사안이 아니고, 오히려 서로 나서서 맡겠다고 해야 하는데 그러지 못한 두 임원의 태도를 용서하지 않은 것입니다. 물론 그당시 바로 퇴임을 한 것은 아니지만, 당해 연말과 그 다음해에 두 임원 모두 퇴임하게 되었다는 것을 알게 되었습니다.

업무 분장에 대해 합리적인 조정을 하는 것은 당연히 필요합니다.

하지만, 내가 좀 더 편하기 위해, 내가 좀 더 빛이 나는 성과를 위해 내 욕심을 보이는 순간, 직장인은 단명하는 길입니다.

개인적으로도 마찬가지입니다.

개인 업무 분장에서 하기 싫은 일은 대부분 맡기 싫어합니다.

그리고 상위 조직장의 관점에서는 누가 하든 크게 개의치 않습니다. 그래서 업무 분장에 대해 윗사람이 알고 중재해야 할 정도로 싸워서는 곤란합니다.

업무 분장을 잘 해서 조금 편한 듯 하지만 금방 둘 다 '죽을 수 있음(퇴임, 한직으로 전배, 나쁜 평가를 의미)'을 인식해야 합니다.

팀웍 - 일은 같이 합니다

우리 아빠, 우리 딸, 우리 나라, 우리 회사, 우리 팀 등 일상 생활 속에 흔히 사용되는 '우리'라는 표현이 있습니다.

내 팀, 내 사업부, 내 나라, 내 아빠라는 표현이 왠지 어색하지 않으세요?

'우리'라는 표현은 무의식 중에 사용되고, 들으면 친숙하고 편안해 집니다.

하지만 미국식은 어떤가요? Our Father? 아닙니다. My father, My mom. 이라 하며, I, My 문화입니다. 우리 국민은 '우리 의식'이 강하고, 미국식은 '나'라는 의식이 강함을 표현에서 느낍니다.

한국인의 우리 의식은 국가가 위기에 처했을 때 나라를 구하기도 했고, 우리 의식이 폐쇄적으로 작용하여 서구 문물을 받아들이지 않아 경제 발전에 장애가 되기도 했습니다.

월드컵 대회 때는 '우리 의식'이 100만명 이상의 붉은 악마를 광화문에 집결시키기도 했습니다. 촛불 집회로 수많은 시민들이 모이기도 했습니다.

이런 국민성이 바탕에 깔려 있어 그럴까요? 한국 기업에서는 팀웍을 매우 중요하게 생각합니다.

야구에서 각 선수가 아무리 뛰어나더라도 팀이 패하면 의미가 없습니다. 축구에서도 개인기가 아무리 뛰어나더라도 팀웍이 부족하면 경기결과는 뻔할 것입니다. 스포츠에서 팀의 승리를 위해 팀웍이 필요하듯이 회사도 하나가 되어야 합니다.

아무리 개인 고과에 대한 차별 보상을 하는 제도를 운영하더라도 내 것만 챙기지 않아야 합니다. 고과에 따라 성과급을 좀 더 받을 수 있지만 더 중요한 것은 협업입니다. 나의 성과급을 위해 잠시 남에게 해를 끼치거나 내 욕심을 지나치게 내고 나면 다음에 업무 협조를 얻어 내기 어렵습니다. 그래서 팀웍이 무엇보다 소중한 가치입니다.

내가 하는 일과 관련된 동료를 돕는다는 마음을 늘 가져 보세요.

그리고 내 개인의 성과보다는 팀의 성과, 팀의 성과보다 회사 전체의 성과를 우선 고려하세요.

비록 내가 희생하는 것으로 느껴지고, 때로는 서운함을 느낄 수 있지만 결국 오래 가는 것은 팀웍과 더 큰 조직 차원의 성과입니다. 인사평가(고과) 결과를 리뷰해 보면 좋은 평가를 받는 사람들의 특징이 자기 일만 잘 하는 것이 아니라 협업을 잘 하고 주변의 평판이 좋습니다. 즉, 업무를 처리할 때 협조를 잘 해 주고, 회의에도 적극적으로 참여하며, 일을 맡아서 주도적으로 하려고 하며, Job owner가 아니더라도 도와 주려고 노력하는 사람이 좋은 평판을 받게 됩니다. 구조조정의 달인이었던 GE의 젝웰치는 협업하지 않는 리더를 제일 먼저 해고했다고 합니다. 또한 소모적인 논쟁은 대부분 오해와 업무를 맡지 않으려는 욕심 때문에 생길 수 있습니다.

조직은 다양한 이해관계의 사람들로 구성되어 있습니다.

그래서 우리라는 인식을 갖고, 우리를 위해 팀웍을 우선해야 합니다.

늦음과 기다림
늦어서 화가 나는 것이 아닙니다.

사람을 화나게 하는 것은 늦어서가 아니라, 기다리게 했기 때문입니다.

저녁 7시에 만나기로 한 사람이 20분이 지나도 아무런 연락이 없이 나타나지 않으면 이유가 궁금해 질 것입니다. 물론 그 사람이 7시 30분경 도착했을 때 약속을 잘 지키지 않는 사람이라는 부정적 이미지가 형성될 수 있습니다.

그런데 7시에 만나기로 한 사람이 7시가 되기 전에 연락을 주며, 급한 일로 출발이 늦었다며 양해를 구하거나, 이동 중에 차가 막혀 7시 40분경에 도착할 것 같다고 하면 어떤 반응일까요?

그렇게 양해를 구했던 사람이 7시 35분경에 나타나면 또한 어떤 반응일까요?

물론 늦은 시간만으로 보면 전자는 30분, 후자는 35분 늦은 셈입니다. 단순 시간 계산으로 보면 후자가 더 늦게 도착한 것입니다. 하지만 누구에게 더 화가 나거나 부정적인 이미지가 생기는지 생각해 보세요.

즉, 사람을 화나게 만드는 것은 늦었다는 사실이 아니라 기다리게 했다는 사실 때문입니다.

회사 일을 함에 있어 상사나 업무 파트너를 화나게 만드는 것은 바로 '기다리게'하기 때문이 아닐까요? 늦지 않아야 한다는 것은 대전제입니다.

살다보면 늦을 수도 있습니다. 이 때 미리 양해를 구하여 기다리지 않게 해야 합니다.

물론 수시로 늦고, 상습적으로 양해를 구하는 것은 더 나쁜 습관입니다.

직장생활, 나는 잘 하고 있을까?

약속 – 약속 시간 5분 전이 나의 약속 시간

아빠: "아들아, 학원 아직 안 가?"

아들: "괜찮아요"

아빠: "얘!, 지금 가도 늦겠다"

아들: "다들 늦게 와요"

아빠: "5분 전에는 도착해야지… 그래야 수업 준비도 하고. 항상 미리 가도록 습관을 들여"

아들: "요즘 그런 친구들이 어디 있어요? 대부분 늦게 와요. 아빠는 참 ~~"

부모가 자식에게 좋은 습관을 길러 주는 것이 부모의 역할이라고 생각하고 항상 약속 5분 전에 약속 장소에 도착하기를 바라며, 5분 전에 도착하지 않으면 그 때부터 지각한 것으로 카운트하라고 잔소리를 합니다.

박팀장: "김대리는 항상 출근 시간에 딱 맞추거나 늦고 그러냐?"

김대리: "죄송합니다."

박팀장: "5분만 일찍 나서면 10분 전에 도착할 걸… 그게 그렇게 어려운가? 이해가 안 되네. 허겁지겁 도착해 아침부터 일이 잡히겠어? 일찍 좀 다녀요."

고객과이 약속이 있었습니다. 소위 말하는 '갑'에게 아쉬운 부탁을 하기 위해 약속한 시간 전에 약속 장소에 도착했습니다. 약속 시간이 다 되어 갈 때쯤 갑은 좀 늦겠다고 연락이 왔습니다. 이해한다고 말하고 마냥 기다렸습니다. 하지만 잘 됐다는 생각이 들었습니다. "기쁜 마음으로 기다립시다. 그 사람이 우리한테 마음의 빚을 지는 것입니다. 늦게 올수록 더 좋은 일입니다. 부채의식이 더 커질테니까요" 그러면서 내심 더 늦게 나오기를 바랐습니다. 늦게 나오면 나올수록 그 사람이 미안해 할 것이고 우리한테 빚을 지게 되기 때문입니다. 빚쟁이가 큰 소리 치기는 어렵겠지요?

그도 그랬습니다. 그 날의 업무 처리는 좀 더 우리에게 유리하게 해결되었습니다.

유혹

세상에 공짜는 없습니다.

5백만원을 맡기면 월 이자로 10만원을 지급해 주는 사람이 있다고 하겠습니다. 이자도 선불로 주는 조건이라며 돈을 맡기자마자 10만원을 보내 옵니다. 몇 개월 동안 정확히 이자를 받다 보면 수익율에 만족하고, 의심도 조금씩 줄어듭니다. 금액을 더 늘려 1천만원을 맡기면 월 20만원을 받게 됩니다. 몇 개월 사용 후 목돈이 필요하다고 하면 원금도 잘 돌려줍니다. 그리고 몇 개월이 지나 수익율이 더 좋은 곳에 투자하거나 단기급전으로 사용한다며 이자를 월 30만원(연36%)까지도 주겠다고 합니다. 그 돈도 3개월 사용 후 돌려 줍니다. 차용증서도 잘 써 줍니다. 그리고 다시 월 2%(연 24%)의 이자를 주겠다며 투자할 의향이 있느냐고 물어 옵니다. 돈을 구해 조금 더 투자하게 됩니다. 가령 2천만원을 맡기고 6개월이나 1년정도 이자를 잘 받게 됩니다. 이 정도 되면 주변 친척 및 가족 중 믿을만한 사람에게도 자랑을 합니다. 주변 사람도 처음에는 의심을 하지만 앞의 과정과 같이 이자를 잘 받아 먹습니다. 요즘 금리가 얼마인데 이자를 10%, 20%씩이나 주느냐고 물어 보면, '아는 사람 중에 투자의 귀재가 있다', '지인이 공단이나 상가에서 사채를 돌리는데 급한 돈만 빌려 주는 정도라 큰 문제 없다'고 합니다. 그리고 또 몇 년의 시간이 흘러 있는 돈을 더 태웁니다. 어떤 사람은 천만원, 어떤 사람은 5천만원, 어떤 사람은 퇴직금 등 억대로 빌려 줍니다. 이자를 잘 받습니다. 그렇게 규모가 커졌을 때 원금을 들고 해외로 날라 버리거나 연락이 두절됩니다. 사기입니다. 사기라는 것을 알았을 때는 원금은 찾기 어렵습니다. 경찰에 신고하여 체포하고, 법정에서 채권관계를 인정 받는다 하더라도 경찰이나 판사가 그 돈을 받아주지는 않습니다.

그럼 왜 사기를 당할까요? 왜 판단이 흐려질까요? 그것은 바로 욕심 때문에 유혹에 넘어간 결과입니다. 당장 눈에 보이는 이익 때문에 자신이 책임질 리스크(risk)를 생각지 못한 결과입니다.

상처는 고스란히 자기 자신에게만 남습니다.

세상사에 유혹이 참 많습니다. 월 500만원 버는 일이 있다며 SNS를 통해 광고가 유포되고 있고, 1억으로 내집을 2채나 살 수 있다며 고가도로 기둥 밑에 전단지가 붙어 있습니다. 좋은 땅이 있다며 전화도 옵니다. 그렇게 좋으면 광고가 필요 없을 것이며, 자기 돈을 투자하지 왜 나를 유혹할까? 하고 의심해 봐야 합니다. 다단계 판매는 몇몇 성공한 사람의 사례를 부각시켜 유혹합니다. 그리고 들어가면 가입비가 있거나 이에 상응하는 물품을 구매해야 합니다. 어떤 디지털 가상화폐는 어떤 구조인지 이해도 어려운데 수익율(가치)이 대단하다며 유혹합니다. 가상화폐가 결재 수단이 되고, 블록체인 기술이 많은 변화를 가져올 것이라 생각합니다. 다만 그 가치에 대해서는 잘 판단해 봐야 합니다. 돈을 벌겠다는 욕심이 크게 작용하면 화를 초래합니다. SNS를 통해 홍보하며 유혹합니다. 물론 좋은 점만 부각시킵니다. 숨겨진 리스크나 진실은 최대한 노출시키지 않습니다. 그것이 유혹이나 사기의 속성입니다.

유혹이 생기면 내가 책임 질 리스크를 먼저 체크해 보세요. 숨겨진 내용도 찾아 보세요. 그리고 궁금한 것은 전문가를 통해 확인하고, 제 3자의 의견을 들어 보세요. 사실 관계를 정확히 파악 후 투자를 하고, 사실관계와 이해득실을 따져 의사결정을 해야 합니다.

부채 - 버는 것보다 더 쓰면 느는 것은 빚

기업 경영에 부채는 어떤 의미이며, 어느 정도가 적정할까요? 최적의 자본 구조를 갖추기 위해 적정한 부채를 발생시켜 래버리지 효과를 기대할 수도 있고, 부채 비율이 너무 높으면 이자 부담으로 손익에도 영향이 클 수 있습니다.

기업만이 아니라 국가도 국가채무가 있고 가정에도 가계 부채가 있습니다.

나의 재정 상태는 적정한가? 우리 집(가계)의 재정 상태는 건전한가?

최근에 기업에서는 구성원의 재무적 안정을 지원하기 위한 회사의 역할을 강조하고 있습니다.

학교를 다니거나, 결혼을 준비하며 대출을 할 수 있고, 집을 구입하거나 전세를 마련할 때도 빚을 얻을 수 있습니다. 자동차를 할부로 구입하더라도 신용구매한 금액만큼 부채가 됩니다.

금융권에서 대출한 부채, 할부 잔액, 친구한테 빌린 돈 등을 모두 합해 나의 부채는 얼마나 될까요?

나의 소득과 현재 자산(동산, 부동산 등) 가치를 평가해 보세요.

물려 받은 재산의 규모가 다르고, 현재의 소득 수준도 다를 수 있으며, 더욱이 개인의 씀씀이도 차이가 클 것입니다.

나의 씀씀이 규모나 행태는 어떠한가요? 소득보다 많이 사용하시나요? 소득이 발생할 것을 예상하며 미리 사용하시나요? 할부를 많이 사용하시나요? 현금이나 체크카드만 사용하시나요? 여행을 가기 위해 매월 일정액을 모아 그 돈이 모이기 전에는 절대 여행을 가지 않는 스타일이신가요? '지름신'이 가끔 강림하시나요?

너무나 다양한 소득 수준과 지출 형태가 있을 것입니다.

무엇이 좋고 나쁘다고 하기는 어렵습니다.

하지만 한가지 진리는 내가 버는 것보다 씀씀이가 크면 그 차이만큼 대출이 늘어 난다는 것입니다.

직장인도 마찬가지입니다. 사업을 하거나 기타 소득이 많지 않다면 급여 생활자의 소득으로 쓸 돈이 많지는 않을 것입니다.

하지만 씀씀이가 클 경우 부채가 늘어 날 것이고, 개인의 과다한 부채는 직장생활에 위험 요소일 수 있습니다. 왜냐하면 회사의 경비를 사적으로 사용하는 일에서부터 거래처로부터 뇌물이나 금품을 수수할 개연성이 높아질 수 있기 때문입니다.

많은 부정한 행위는 작게 시작합니다. 처음에는 겁도 난다고 합니다. 하지만 어느 순간 나의 잘못에 대해 스스로 관대해지고, 나의 잘못된 행동에 대해 무감각해 지면서 더욱 과감해지는 것 같습니다. 부정한 돈의 규모가 커질 수 있고, 심지어는 부정한 뇌물/금품을 거래처에 요구하는 수준까지 갈 수도 있습니다.

많은 경우 욕심에서 비롯되며, 그 욕심은 돈 문제와 연계 됩니다. 즉, '부채'도 돈, 욕심을 유발하는 하나의 요인이 될 수 있다는 것입니다.

개인이 채무에 시달리면 업무몰입도가 떨어지며 표정도 어두워집니다. 부정한 '유혹의 손길'에 넘어 갈 가능성도 커 집니다. 신경도 예민해지고 사적인 통화도 자주 하게 됩니다. 소근소근 숨기게 되지만 분위기만 봐도 남들은 금방 눈치를 챕니다.

　적정한 수준의 부채규모인지 자기 진단을 해 보고, 나의 분수에 맞는 수준에서 소비를 하며, 모으기도 전에 미리 소비하지 않는 습관이 급여 생활자에게 꼭 필요한 것 같습니다.

회계 - 손익 마인드로 무장

친구들과 치맥(치킨+맥주)을 한잔하고 6만원을 썼습니다. 회사 일을 하기 위해 USB 외장하드를 6만원에 샀습니다. 둘 다 돈을 쓴 것입니다. 그런데 뭔가 돈을 쓴 성격은 달라 보입니다. 즉, 돈을 쓴 것은 같지만, 사용하고 없어지면 비용(expense)이 되는 것이고, 물건을 구입하면 자산(asset)이 되는 것입니다.

들어 오는 돈도 종류가 다릅니다. 월급(안 갚아도 되는 돈)이 들어 오면 수익이고, 친구한테 빌린(갚아야 할 돈) 돈이 들어 오면 부채이며, 상속받기로 되어 있던(원래 내 것) 돈이 내 통장에 들어 오면 자본이 됩니다. 약간 혼동될 수 있습니다. 돈을 써 없어지는 것인지, 물건을 구입한 것인지 구분해 보세요. 또 돈이 들어 오면 갚은 돈인가, 안 갚아도 될 돈인가, 아니면 원래 내 것이었나? 하는 관점에서 구분해 보세요.

물건(제품, 상품, 서비스 등)을 팔아 들어 오는 돈이 매출액이고, 제품을 만드는데 들어 가는 재료비 등이 매출원가이며, 매출액에서 매출원가를 빼면 매출총이익(margin)이 됩니다. 매출총이익에서 판매를 위한 광고비, 연구비, 일반관리비 등(총칭 판관비)을 빼고 남은 돈이 영업이익입니다. 매출 발생을 위해 판관비도 들지만 영업 활동 외에 이자비용이 든다거나 기부를 한다거나 하는 등 손익이 발생할 수 있는데 이를 영업외손익이라하고 하고 영업이익에서 영업외손익을 빼고 남는 돈이 세전이익입니다. 세전이익에 법인세비용을 빼고 남는 것이 당기순이익입니다.

이익 개념도 우리가 잘 알아야 하며, 그 외에 관리회계를 위한 다양한 용어와 개념도 있어 회계는 괜히 복잡하고 어려워 보입니다. 하지만 기업 관련 주요 정보 정도는 볼 수 있어야 하고 대부분의 내용이 '재무제표'에 나타납니다. 재무제표는 기업의 자산, 부채, 자본이라는 재산상태를 표시한 재무상태표, 매출, 비용, 이익 등 실적을 표시한 손익계산서, 현금의 유입과 유출을 표시한 현금흐름표, 자본의 변동 내용 및 주주 수입 등을 표시한 자본변동표, 기타 숫자로 표기하기 어려우나 참고할 내용을 담은 주석으로 구성됩니다. 매출이나 이익이 아주 좋다고 손익계산서에 표기되어 있는데 현금이 안 들어오는 외상이 대부분이라면 그 회사 실적이 좋다고 봐야 할까요? 이런 문제 해결을 위해 현금흐름표를 구분해서 보는 것이며, 경기가 어려울 때나 경영자가 부도덕할 때 현금흐름이 더욱 중요하게 됩니다.

물건을 팔면서 외상으로 주고, 외상값(매출채권)을 빨리 못 받으면 물건 값을 할인해 준 개념과 같습니다. 즉, 값을 싸게 해 주는 것도 할인이나 결제조건을 좋게 해 주는 것도 할인 개념입니다. 할인해 준만큼 회사의 이익은 줄어 들겠지요. 매출채권도 회수가 늦어지는만큼 회사 이익이 줄어 드는 것입니다. 프로젝트성 수주 사업의 공사를 하고 공사대금 미수가 많다면 기업은 아주 위험해 집니다. 한국의 많은 대기업이 해외 사업의 저가 수주와 미수대금 문제로 기업 존폐의 위기를 맞기도 했습니다. 불경기일수록 채권회수가 중요합니다.

재고도 마찬가지 입니다. 재고는 바로 원가에 직결됩니다. 재고는 완제품만이 아닙니다. 재고에는 상품, 제품, 반제품, 원재료, 부재료, 소모

품 등이 모두 포함되며, 재고자산은 원재료비, 현장생산직의 노무비, 연구개발비 등 경비, 기타 취득부대비용까지 포함됩니다.

경기가 어려우면, 매출이 어렵고, 채권회수가 어렵고, 재고가 늘어나는 등 나쁜 징후들이 동시에 생기곤 합니다. 그러다보면 매출, 이익, 채권, 재고 등 숫자를 가공(분식)하고 싶은 유혹도 생깁니다. 영업에서 단기 실적을 위해 '밀어내기'를 하는 것은 재고를 늘이는 결과이며, 채권회수는 늦어질 수 있어 이중삼중고의 원인이 되기도 합니다. 대형 프로젝트는 공사 진척률이나 수금 이슈가 늘 따라 다닙니다.

회계는 경영의 언어입니다. 회계 정보를 통해 투자자와 소통할 수 있습니다. 그래서 직장인에게는 회계에 대한 이해가 필요하며, 손익을 따질 수 있는 마인드가 필수적입니다.

기초적인 회계 공부를 통해 내가 맡은 일을 회계 관점에서 볼 수 있어야 합니다.

영업·재무 부서뿐만 아니라 연구·생산·마케팅·고객 관리 등 회사의 전 구성원이 손익 마인드를 가져야 합니다.

정부나 공기업도 예외일 수 없습니다. 비록 공익 사업이지만 예산과 지출, 수혜자의 혜택을 회계적으로 관리할 수 있도록 해야 합니다.

수(數) - 조직의 언어

"스포츠를 좋아하세요?" 라는 J국책연구원장의 질문에 "직접 하는 것도 좋아하고, 스포츠 관람도 좋아하는 편입니다." 라고 답변 했더니, "스포츠 관람이 왜 재미있을까요?" 라고 재차 질문을 던졌습니다.

어떻게 답변을 해야 하나 고민하고 있는 저를 보면서 '점수'가 있기 때문이라고 하셨습니다. 결국 점수는 승부를 말하는 것입니다.

비즈니스의 세계에서도 '숫자가 인격이다', '숫자가 자존심이다'라고 하기도 합니다. 특히 보험이나 자동차 판매를 하는 세일즈맨의 세계에서는 스스로를 '챠트(chart) 인생'이라고 하기까지 합니다.

비즈니스에서 숫자는 커뮤니케이션 도구(tool)이며, 언어이며, 약속입니다.

매출이나 영업이익을 얼마 달성하자는 경영목표뿐만 아니라 견적, 환율, 주가, 물가, 유가 등이 모두 숫자로 표시되고, 미팅 시간 약속, 교통비, 점심 시간, 아침 기상 시간 등 일상 생활도 숫자가 지배한다고 볼 수 있습니다.

직장에서는 숫자에 대한 목표를 세우고 숫자로 받은 성적표에 따라 숫자로 일정 보상을 하는 셈입니다. 정성적인 고려도 포함되지만 최대한 정량적인 수로 관리하고자 하는 것이 조직관리의 속성입니다.

회사에서 제시한 숫자는 약속입니다. 약속을 지킬 때 신뢰가 생깁니다. 또한 회사의 숫자는 내부만의 약속이 아닙니다. 주주, 협력업체뿐만 아니라 국세청 등 정부, 금융기관, 감독기관에서 기업이 제시한 숫자에 관심을 갖고 지켜보고 있습니다. 가까이는 자신과 옆 부서가 지켜보고 있고, 동료들이 지켜 보며, 고객도 관심을 갖습니다. 그만큼 기업의 약속에 대해 이해관계자의 관심은 지대합니다.

숫자는 비즈니스 언어이며, 약속이기 때문에 잘 지킬 때 신뢰가 생긴다는 진리를 직장생활을 하는 사람은 잊지 말아야 합니다.

매너
직장 예절을 안 지키면 바로 티가 납니다.

현관 문을 나서는데 앞 사람이 먼저 나갑니다. 내가 나가려고 할 때 바로 앞에서 문이 닫히는 상황을 경험해 보셨나요?

팀 회식을 할 때 후배 사원이 건배를 하며 맥주잔을 높게 들고 세게 부딪히며 큰소리로 "건배"라고 외치며 팀장 말을 짜르고 자기 목소리를 크게 내면 어떤 느낌이 들까요?

엘리베이터 안에서 큰소리로 통화를 하는데 그 내용이 다 들리고, 내용 또한 불쾌하면 그 사람이 어떻게 보일까요?

식사를 하는 도중에 앉은 자리에서 티슈로 코를 풀면 어떤 기분이 들까요?

상쾌한 출근 길에 지하철역 출구에서 지상으로 올라 오는데 앞사람의 담배 연기가 내 코 속으로 들어 온다면 어떨까요?

반면, 다음의 경우를 생각해 보세요.

식당에서 짧은 치마를 입고 온 여자 친구를 보고 손수건을 꺼내 무릎을 덮어 준다면 어떤 느낌일까요?

무거운 짐을 들고 들어 오는 사람을 위해 엘리베이터를 잡아 주고 몇 층에 가는지 물어 버튼을 눌러 준다면 어떨까요?

청소하는 아주머니께 감사하다고 말을 건네거나 사원 식당 영양사에게 맛있게 먹었다고 인사를 나눈 적이 있으신가요?

우리는 일반적으로 매너를 잘 지키면 '매너 좋다'고 표현하고, 매너가 나쁘면 그 사람 자체를 '나쁘다'라는 식으로 평가하곤 합니다. 매너가 잘 잘못을 따지는 것도 아니고, 사안의 좋고 나쁨을 결정하는 기준이 아님에도 불구하고 그런 이미지를 갖게 됩니다.

특히, 비즈니스 매너는 조직생활을 하거나 고객과 영업 등에서도 매우 중요합니다. 개인과 기업의 이미지에도 영향을 미칩니다. C 엔터테인먼트 본사에 갔더니 젊은 사원들이 저를 보고 인사를 합니다. 전혀 모르는 저를 보고 마주치는 사원들마다 인사를 합니다. 그런데 A 물류 회사를 갔더니 인사는커녕 찾아 온 손님에게 관심도 없고 사람을 찾아도 제대로 대응해 주지 않았습니다. 그 회사 경영실적을 보니 최근에 더욱 악화 중임을 알았습니다. '직원들이 그러니 회사가 저 모양이지' 하는 생각이 저절로 들었습니다. 물론 그런 생각이 바람직하지는 않지만 왠지 상관성이 높을 것 같다는 직감이 들었습니다.

매너는 암묵적인 사회적 합의라고 생각합니다. 상대방에 대한 배려입니다. 선진국일수록 여성, 노약자, 장애인이 사회적으로 배려받습니다. 사회적 합의는 교통질서와 같아서 서로 지킬 때는 눈에 띄지 않지만 지켜지지 않을 때는 바로 눈에 띕니다. 또한 배려에 익숙해져 있거나 어느 정도의 매너를 기대하고 있는 사람의 눈에는 매너 없는 행동이 더 눈에 띕니다. 그래서 어른들 눈에는 젊은이들이 매너 없이 보일 때가 많고, 중견사원이 사회 초년생에게 잔소리 할 게 많아지는 것입니다.

조직 생활을 하면서 지켜야 할 매너를 두서없이 소개 드리고자 합니다.

매너의 첫 번째는 인사입니다. 정중하게 상황에 따라 밝은 표정으로 얼굴을 보며 인사를 나누는 것입니다. 내가 먼저 인사를 하는 것이 조직 생활의 첫걸음입니다.

악수를 할 때 미소를 띠고 눈을 쳐다 보며(Eye contact) 손을 잡고, 통상 윗사람이 먼저 청하고, 여성이 남성에게 청하는 것이 일반적입니다. 악수할 때 너무 꽉 잡거나, 너무 힘없이 잡거나, 아예 손끝만 내미는 것도 개인 성향이 드러나는 것입니다. 적당한 자세와 힘으로 당당하면서도 신뢰를 얻을 수 있도록 해야 합니다.

두 번째는 명함을 교환하는 방법입니다.

명함을 주고 받을 때 윗사람 또는 고객의 명함을 먼저 받고 내 명함을 드립니다. 명함을 드릴 때 상대방에게 내용이 보이도록 명함 좌상단 부분을 잡고 오른 손으로 드립니다. 받을 때는 목례를 하며 정중히 받고, 내용을 확인하고 미팅 중에는 테이블 위에 올려 두었다가 미팅을 마치면서 지갑에 넣습니다. 명함지갑을 이용하는 것이 좋고, 식당 같은 곳에서 받으면 바로 지갑에 넣어도 되지만 성함과 직책(호칭)을 기억하는 것이 좋습니다. 식당에서 받은 명함에 김치국물이 떨어졌다거나, 식당 바닥에 떨어졌다고 상상해 보세요. 아주 불쾌할 것입니다.

직장생활에서는 전화가 늘 화근이 됩니다.

사무실 전화를 빨리 안 받는 일, 담당자가 아니라며 전화를 돌리다가 중간에 연결이 끊어지는 일, 전화 메모를 받아 전달하지 않는 일 등은 전화를 건 사람에게 신뢰를 떨어뜨립니다. 전화를 신속히 받고, 관등성명(적어도 이름이라도)을 대며 받고, 늦게 받게 되면 '늦게 받아서 죄송합니다.'라고 하는 것이 좋습니다. 전화를 끊을 때 윗사람이 먼저 끊도록 천천히 끊고, 수화기를 놓을 때 조용히 끊는 것이 좋습니다. 특히 스마트폰으로 통화를 하는 경우 통화 직후 무심코 던지는 말이 전달되기도 합니다. 욕을 한다거나 투덜대거나 하는 말이 그대로 전달되는 경우가 있으니 통화 종료 후에도 주의해야 합니다.

상사로부터 업무 지시를 받을 때는 메모를 하고, 내용을 꼭 확인하며 업무지시를 잘 챙겨야 합니다. 메모하지도 않고, 업무를 누락시키면 곤란합니다.

실내에서 큰소리로 떠들지 말고, 손을 주머니에 넣고 걷지 않으며, 사무실용 슬리퍼를 신고 화장실이나 회의실에 다니는 것도 적정하지 않습니다. 여성의 하이힐 굽소리도 늘 지적을 받는 단골메뉴입니다.

책상 정리나 회의장 사용 후 정리를 잘 하고, 다른 사람의 책상에 엉덩이를 걸치고 앉는 것은 불쾌합니다.

출입문이나 엘리베이터를 서로 잡아 주고, 엘리베이터 안에서 음식물 섭취나 잡담, 통화는 삼가해야 합니다. 승용차 좌석도 회의실이나 식당에서도 상석이 있습니다. 상석은 좌장(모임이나 단체에서 가장 어른이 되는 사람)이 대화를 나누거나 회의 진행에 편한 곳이 됩니다. 통상 응접실에서는 호스트가 출입구를 볼 수 있는 자리에 앉고 손님을 안쪽으로 앉도록 배려 합니다.

손님을 맞을 때 일어나서 맞이하고, 눈을 맞추고 인사를 나누어야 합니다. 보고와 미팅 때도 서로 눈을 보면서 대화하는 것이 좋습니다. 손님을 엘리베이터까지 배웅할 때 엘리베이터 문이 완전히 닫힌 것을 보고 움직이고, 차로 배웅할 때 차문을 열어 드리며 차가 멀리 떠날 때까지 잠시 기다리는 것도 예를 갖추는 매너입니다. 회의 시작 전에 일어 났다가 앉거나, 끝나면 자리를 정리하는 배려도 필요합니다. 화상회의를 할 때 화상으로 참석하는 분들을 배려해 종이 서류를 넘기는 것도 주의하고 과자 부스러기 소리도 내지 않아야 합니다.

식당에서 옷을 받아 걸어 주고, 상석을 양보하며, 건배를 할 때 내 술잔의 높이도 확인해 보세요. 상사의 눈에는 술잔의 높이가 보이고, 잔 부딪치는 소리까지 들린다고 하니 각자 한번 상상해 보시고 주의해야 합니다. 음식물을 입에 넣고 입을 벌리고 씹는 소리, 입에 음식을 넣고 말하는 행위, 말을 할 때 음식물이 튀어 나오는 상황, 술을 강요하는 행위 모두 매너없는 행위로 누군가는 보고 느끼고 있습니다.

회사에서도 회의, 보고, 회식, 각종 행사, 의전 등에 예절이 있습니다.

말로 다 표현하기 어려울 정도로 끝이 없고 잣대도 약간씩 다릅니다. 그래서 오해를 사기도 합니다. 나는 별거 아니라고 하지만 남의 관점에서는 커 보일 수 있습니다. 분명한 것은 매너는 내 기준이 아닌 상대방 입장입니다. 상대방이 배려 받고 있다는 느낌이 들 수 있도록 해야 합니다.

내가 배려와 존중을 받고 싶다면 내가 먼저 배려하고 존중해야 하며, 매너 있는 행동을 해야 합니다.

경조사 - 애매하면 먼저 챙기세요

사람이 태어나면 큰 축하를 받고, 백일/돌 잔치를 하며, 성인이 되어 결혼식을 하고, 건강하게 살면서 회갑/칠순을 맞으며, 운명을 달리하는 일련의 과정을 겪게 됩니다. 누구나 마찬가지일 것입니다. 그래서 우리는 기쁜 일은 함께 축하하며, 슬픈 일은 애도하며 서로 위로합니다.

경조사에 대한 개인의 생각이 다르고 챙기는 수준도 다양합니다. 그래서 애경사가 생기면 참석을 해야 할 지, 경조금은 얼마나 할 지, 조화(화환)을 어떻게 할 지 고민하게 됩니다. 얼마나 애매한 이슈였으면 '애정남(애매한 것을 정해주는 남자, 개그콘서트 코너)'에서 경조비 수준을 정해 주는(?) 개그도 있었습니다.

경조사에 대해 간단한 참고 사항은 이렇습니다.

먼저 장례식장에서는 방명록을 적을 때 동명이인이 많아 소속이나 관계를 같이 적는 센스가 필요합니다. 조문을 할 때 인사 및 걸음걸이를 정중히 해야 합니다. 조문할 때 인사 하는 방식이나 모습이 너무나 다양합니다. 적당한 속도로 적당한 만큼 허리를 숙여 인사하고, 적절한 멘트로 애도를 표하기는 쉽지 않습니다.

마음으로 고인의 명복을 빌며 눈빛으로 위로의 메시지를 전하는 것이 중요합니다. 복장도 단정히 하고, 특히 여성은 맨발, 민소매 등은 부적절합니다.

결혼식이나 돌잔치는 어떨까요? 결혼식장에서는 다소 어수선하더라도 이해하는 것이 일반적인데 결혼식 2-30분 전에 도착하여 인사를 나누는 모습이 여유 있어 보이고, 식장에서 떠들지 않고 진행에 참여하는 것이 필요합니다. 요즘 결혼식장에 가 보면 예식보다 각자의 핸드폰에 더 집중하는 모습을 목격합니다. 주례사를 잘 들어 보시면 어떨까요? 저도 최근에 잘 들어 보는데 들을 때마다 그 의미가 새롭고 좋았습니다.

경사는 축하를 하고, 애사(조사)에는 슬픔을 나누며 위로하는 자리로 상호부조의 개념이 강합니다. 특히 한국 사회에서 리더십을 잘 발휘하거나 인간관계가 좋은 분들의 공통적인 특징 중에 하나가 '경조사 잘 챙기기'라는 것은 공공연한 진실입니다. 다만 이것은 개인의 판단과 선택입니다.

넥타이 - 때와 장소에 따라

여러분은 출근할 때 어떤 넥타이를 매고, 어떤 양복을 입고, 어떤 신발을 신고, 어떤 헤어스타일을 할 것인지 생각해 보시나요?

중요한 이벤트를 대비해 이발하는 날짜를 조정해 보셨나요? 아니면 '이런 것까지 신경을 쓰며 어떻게 살아?' 라고 생각하고 사시나요?

하지만 회사를 다니는 조직원으로 최소한의 자기 이미지 관리는 필요하지 않을까요?

가령, 때에 맞춰 넥타이를 어떤 것으로 할 지 고민해 보고, 중요한 보고가 있으면 이발도 하며, 고객과의 만남이 있으면 양복 속에 입고 있던 가디건/조끼도 벗어 보는 등 노력이 필요합니다. 저도 신입사원을 대상으로 강의를 할 때 따뜻한 이미지로 보이고 싶을 때에는 노란색 계열의 타이를 하고, 협상을 위해 깐깐해 보이고 싶을 때는 청색 계열을 매며, 결혼식, 수상식 등 축하연에서는 붉은 계열로 넥타이 색을 바꿔 맵니다.

좋은 이미지가 생기도록 직장생활 중에 챙길 사항이 몇 가지 있습니다.

첫째, 넥타이나 복장을 단정하게 합니다. 때와 장소에 따라 색상과 디자인을 골라 착용해 보세요.

둘째, 회사 배지(badge)가 있는 경우에는 반드시 착용합니다. 배지가 기울어져 있거나 뒤집혀 있지나 않는지 수시로 확인도 합니다. 특히 공식 행사나 외부 활동에서는 반드시 회사 배지를 달고 다니세요.

셋째, 헤어스타일이나 안경, 셔츠 등에도 자신이 희망하는 이미지 형성을 위해 약간의 투자를 합니다.

넷째, 말과 행동도 넥타이를 선택할 때와 같이 때와 장소에 맞게 합니다.

사회의 구성원으로서 주변 분들이 기대하는 바에 어긋나지 않도록 사회 규범을 지키고, 복장을 단정히 하며, 말과 행동에서 타의 모범이 되어야 할 것입니다.

이것이 품격을 높이는 것입니다.

넥타이가 겉모습만 갖추는 것으로 오해하지 않길 바라며, 진정한 격이 무엇인지도 생각해 가면서 품격을 높여 가야 합니다.

술(酒) - 행복을 주기도 하고, 목숨을 앗아 가기도 하는 직장인 생필품

"혁신활동 과제 수행이 처음에 힘들었습니다. 일이 힘들고 변화에 대한 저항이 컸지만 어려울 때 같이 술을 한 잔 하며, 서로 격려하고 단합이 잘 되었던 것 같습니다"라는 혁신 활동팀에서 고생한 김과장의 소감입니다.

말 그대로 '술'이 우리가 힘들 때 위로를 해 주는 매개 역할을 잘 한 것입니다.

이런 일도 있었습니다.

같이 술을 마시고 헤어진 동료가 변사체로 발견되어 확인해 보니 자살이었습니다. 장례식장에 들러 슬퍼하며 술을 마셨고 귀가길에 교통사고로 사망했습니다.

두 사례 모두 술이라는 매개가 있지만 그 역할은 크게 다릅니다.

그래서 술을 '약주'라고도 하지만, '그 놈의 술이 원수(?)야!'라는 탄식도 있습니다.

술로 인해 고생했던 기억은 한 번쯤 있을 것입니다. 또한 술이 분위기나 기분을 좋게 만든 사례도 많을 것입니다.

술이 취해 술주정을 부리면 주워 담기 힘들고, 자신도 모르게 폭행을 하거나, 실수를 하게 됩니다. '주자십회훈(朱子十悔訓)'에도 취중 망언은 술을 깨고 반드시 후회한다고 지적하고 있습니다.

직장인에게 술은 절제를 잘 하면 약이지만, 아니면 바로 독으로 변합니다.

인사
돈 안들고 사랑 받는 최고 가성비

'그 친구 인사성이 참 밝아', '인사만 잘 해도 출세한다' 등 인사에 관련된 표현을 쉽게 접할 수 있습니다. 인사하는 모습을 두고 구설수에 올리기도 합니다. 그만큼 살아 가면서 '인사'는 중요하고 늘 화제거리가 됩니다. 인사를 잘 해 좋은 인상을 주게 되고, 인사를 제대로 안 해 혼이 나기도 합니다. 또한 상황에 따라 난처해지기도 하고 오해도 생길 수 있습니다. 또한 인사 하기 참 애매한 상황도 생깁니다. 화장실에서 만난 상사에게 인사를 해야 하나 말아야 하나, 나는 봤지만 상대방이 못 본 상황에서 인사를 해야 하나 눈을 피해야 하나, 분명 아는 사람 같은데 어디서 봤는지 기억이 안나고 상대방도 나를 모르는 것 같을 때 인사를 해야 하나 등입니다.

또한 연단에 올라 공식 행사를 할 때 인사는 어떻게 해야 할지, 시상식에 올라가 인사를 어떻게 해야 할지, 인사를 한다면 어떤 자세로 해야 할 지 등 많은 부분이 고민될 수 있습니다.

이런 여러가지 상황에서 가장 리스크가 적은 결정은 '무조건 인사를 한다', 정중하게 인사한다'입니다.

상황에 맞는 인사법도 익혀야 합니다.

화장실에서 같이 볼일을 보면서 만나면 가볍게 목례를 하는 것이 자연스러울 것이고, 연단에 올라서면 천천히 걸어 올라가 똑 바로 섰다가 허리를 40도 정도 굽히면 멋져 보입니다. 고개를 숙이는 것이 아니라 허리를 굽히는 것이지요. 머리와 목과 허리를 일자로 하여 40도 내외로 적당히 굽히는 자세가 가장 멋져 보입니다. 엘리베이터에서 만나면 목례로 함께 인사를 나누고, 타거나 내릴 때 먼저 양보를 하며, 특히 윗분을 엘리베이터로 모신다면 엘리베이터 문이 완전히 닫힐 때까지 배웅을 하면 좋습니다. 배려와 존중 받은 느낌이 들 것입니다. 모자는 벗고 인사를 나눠야 할 테고, 악수를 너무 세게 하거나 너무 힘 없이 해도 부적절한 것입니다. 집이나 사무실에 방문한 손님을 어디서 맞이하고 배웅하는지도 중요합니다. 아파트 현관에서 인사만 하고 문을 닫아 버리는 것보다 엘리베이터 입구까지 나가면 좋고, 가능하면 1층까지 내려가 인사를 나누면 더욱 좋습니다. 호텔 로비에서 멀리 윗분이 지나가시는 것 같은데 급히 움직인다고 스쳐지나가더라도 인사를 드리는 것이 좋습니다. 인사는 에너지가 되어 반드시 전달되게 되어 있습니다. 설마 나를 못 보셨겠지, 아니 못 보신 것 같은데 라고 후회하고 위안을 삼는 것보다 인사를 드려야 좋습니다. 정말 찰나적으로 지나칠 수 있는데 그 경우는 문자나 톡으로 대신 인사를 드려도 좋을 것입니다. 인사는 습관입니다. 습관이 되어 있지 않으면 위기 상황에서 인사를 하지 않거나 못할 수 있습니다. 또한 인사 자세나 표정도 평소에 챙겨 봐야 합니다. 인사하면서 표정이 없는 사람이 있는가 하면 항상 웃는 사람도 있습니다. 인사를 할 때 손을 흔들어야 할까요? 악수를 해야 할까요? 몇 미터 전방에서 인사를 드려야 할까요? 윗분이 먼저 인사를 해 오면 어떻게 화답을 해야 할까요? 인사를 잘 하기가 그만큼 어렵습니다. 하지만 인사를 한다고 목이나 허리가 아픈 것도 아니고 기분이 나빠지는 것은 더욱 아닙니다.

인사를 할까 말까 애매할 때는 무조건 먼저 인사를 나누세요. 밝은 표정과 경쾌한 목소리로 인사를 나누세요.

인사는 다시 에너지가 되어 내게로 돌아 온다고 합니다. 즉, 인사는 온전히 나 자신을 위한 행동이라고 볼 수 있습니다.

3부 직장생활 성공을 위한 태도와 습관

걸음걸이 - 가슴 펴고 당당하게

'아들아~, 어깨 좀 펴고 다녀~'

키가 엄마 보다 큰 고등학생 아들에게 하는 엄마의 잔소리입니다.

'똑바로 좀 안 걷니?'

온갖 장난을 치며 걷는 7살 녀석에게 하는 엄마의 꾸지람입니다.

'아빠 힘내세요~, 우리가 있잖아요~'

어깨가 축 처진 아빠에게 힘을 실어 주자는 광고 카피입니다.

'좀 같이 걸어가요~ 왠 걸음이 그렇게 빨라요?'

가족을 데리고 모임에 가는데 늦는 것을 제일 싫어하는 남편이 빨리 혼자 걸을 때 아내가 하는 잔소리입니다.

'발자국 소리만 들어도 사장님 오시는 줄 알아요'

모 회사 사장의 비서가 하는 말입니다.

모두 걸음걸이와 관계가 있습니다. 호주머니에 손을 넣고, 고개를 숙이고, 인상을 쓰면서 걷는 모습은 보기에 좋지 않습니다. 사람의 걷는 스타일은 너무나 다양합니다. 그러면 어떻게 걸어야 할까요? 정답은 없습니다.

하지만 회사에서는 고개를 들고, 표정을 밝게 하며, 사람을 만나면 웃으며 인사도 하고, 호주머니에 손은 빼고, 경쾌한 발걸음으로, 가슴을 펴고 걸어 보세요.

나의 걷는 모습을 옆사람에게 물어 보는 것도 도움이 됩니다.

동영상을 찍어 달라고 해 보세요. 그 모습을 보면 많은 것을 느낍니다.

나의 걷는 모습을 누군가는 보고 있습니다. 걷는 모습이 만드는 이미지효과는 매우 큽니다.

나의 실체, 본연의 나에 대한 소중한 가치를 걸음걸이로 마이너스 되게 한다면 얼마나 안타깝겠습니까? 물론 걸음걸이로 사람을 평가하지 말아야 합니다. 하지만 나의 이미지는 나의 몫입니다. 멋지고 당당하게 걸어요.

자기계발
나를 지켜내는 비밀병기

'나의 강점, 경쟁우위요소, 탁월한 역량은 무엇일까?' '나는 이를 위해 어떤 투자를 하고 있는가?' 자문해 보세요.

역량(competency)은 타고난 재능에 자기계발 노력을 통해 강해집니다.

타고난 재능(talent)이 중요하기 때문에 기업은 잠재역량(potential competency)이 탁월한 인재를 채용하는 것이 성공의 첫출발입니다. 하지만 아무리 좋은 재능을 갖고 태어났더라도 지속적으로 자기계발 노력을 하지 않으면 강점이 될 수 없습니다. 자기계발 노력도 크게 두 가지입니다. 직무 경험을 쌓는 것과 공부를 하는 것입니다. 직무 경험을 쌓기 위해 개인은 경력개발계획을 세워 직무를 순환할 수 있도록 노력하고, 회사도 인재 육성을 위해 직무순환을 실시하는 것입니다. 특히, 핵심인재로 키워 리더를 육성하기 위해 직무 경험(job experience)을 체계적으로 시키는 것입니다. 최고의 교육은 직무 수행을 통해 배우는 OJT(on the job training)이기 때문입니다. 자기계발 노력도 회사와 개인이 공동으로 해야 하나, 주체는 자기 자신이 되어야 합니다. 자녀 교육에서 '자기주도학습'을 강조하듯이, 기업 교육에서도 자기 주도형 교육(SDL, self-directed learning)을 강조하는 이유입니다.

회사에서 다양한 직무로 순환을 하는 것은 경험 요소를 강하게 하는 것이며, 다양한 부서 직원이 모인 TFT(Task force team) 형태로 조직 내에서 경험을 쌓는 것은 경험요소를 키우는 방법입니다. 그 외에서도 독서를 하거나, 전문가와 대화를 하는 등 간접적으로 경험을 쌓을 수 있는 방법이 많습니다.

재능은 DNA에 의해 결정이 되거나 영유아기 때 대부분 형성이 되어 교육과 훈련으로 고쳐지기 어려운 속성이 있습니다. 하지만 자기계발 요소는 자신의 노력 여하에 따라 완전히 다른 결과를 낳습니다. 그래서 강점을 키우려면 자기계발 노력을 많이 해야 합니다. 가령 글로벌 역량도 해외 직무 경험이 가장 중요하며, 다음은 자기 자신의 자기계발 노력입니다.

타고난 재능이 부족할 수 있는데 그건 고치기 참 어렵습니다. 하지만 사지가 멀쩡하고 기본 머리가 된다면 무엇이든 할 수 있다고 생각합니다. 결국 남다른 노력을 해야 하는 것입니다. 경험을 쌓도록 많은 책을 읽고, 전문가의 의견을 두루 들어야 하며, 기회가 될 때마다 일을 많이 맡아서 직무경험을 하는 것이 필요합니다. 아울러 어학 공부 등은 온전히 개인의 책임하에 주도적으로 해야 합니다. 많은 회사가 다양한 교육기회와 지원 제도를 갖고 있으나 결국 공부하는 사람만 활용하는 모습을 많이 보게 됩니다.

기업이 차별적 경쟁우위 요소가 있어야 시장에서 살아 남을 수 있듯이, 개인도 경쟁력이 있어야 조직에서 살아 남을 수 있습니다. 냉정한 표현 같지만 기업이나 조직의 생리가 원래 그러합니다. 법적으로 정년을 보장하지만 내가 스스로 행복하게 정년까지 일하는 것이 중요합니다. 그런 의미에서 누구도 나를 지켜주지 못한다고 생각하면 됩니다. 내가 나를 지킬 뿐입니다. 그래서 우리는 프로가 되어야 하며 프로는 성과를 내지 못하면 주전으로 뛸 수 없습니다.

나는 어떤 노력을 남달리 하고 있나요? 회사는 또 나에게 어떤 기회를 부여하고 있을까요? 자기 계발에 투자하지 않는 개인이나 조직 개발에 투자하지 않는 조직은 살아 남을 수 없습니다. 작은 것부터 시작해 보세요. 매일 외국어 공부를 조금씩 한다거나, 매일 책을 몇 페이지 이상 읽거나, SNS 통해 전문가의 의견을 들어 보는 등 작은 활동이라도 꾸준히 하면 역량이 쌓이게 됩니다.

인생시계 - 서른살이 오전 9시

입사 한 지 2년이 지난 모 사원이 현재 맡은 일을 2년 정도 해 보니, 이제 더 이상 배울 게 없어 다른 일을 하고 싶다고 상담을 요청해 온 적이 있습니다.

젊은 세대들이 갈수록 미래를 불안해 하고, 관심 분야가 다양하며, '조급증'이 심해지는 것 같이 느껴집니다.

사람의 평균수명을 80세로 가정하고, 80년 전체 인생을 인생시계 24시간에 대비를 해 보면 회사 들어 온지 2년 정도 된 29살은 몇 시에 해당할까요? 40살이 낮 12시라고 볼 수 있으니, 29살은 8시 42분격입니다(1년이 18분이 됨). 즉, 30대는 아침에 출근해서 열심히 배우며 일하는 오전 근무이고, 40대, 50대는 오후 근무입니다. 60살에 해당하는 오후 6시 이후는 다양한 삶의 형태로 나타날 것입니다.

인생시계를 기준으로 저녁에 마음 편히 쉴 수 있도록 낮 시간에는 열심히 뛰어야 합니다.

오전에 해야 할 일이 몇가지 있습니다.

먼저 내가 가야 할 방향을 정하는 것입니다. 그리고 경력 목표를 정하고 구체적인 실행 과제를 정해야 합니다.

둘째는 취미 생활을 갖는 것입니다. 다양한 사내외 동호회를 활용해 보세요.

셋째는 건강을 꾸준히 관리 할 수 있는 종목을 정해 제대로 배우는 것입니다.

넷째는 좋은 사람을 만나는 것입니다. 평생 함께 할 친구를 사귀는 과정이라고 할 수 있습니다.

다섯째는 재테크를 잘 해야 합니다.

인생 시계가 저녁 시간을 가리킬 때 함께 할 사람, 경제적 여유, 건강, 나의 취미 생활은 오전 시간부터 준비해야 합니다.

공부 - 품의서로 공부하고, 전문가에게 듣고

4-50대 평범한 주부들을 대상으로 물었습니다.

"인생에 가장 후회 되는 것이 무엇입니까?"

많은 응답이 "학창 시절에 공부를 좀 더 열심히 할 걸… 그랬으면 지금의 남편을 만나지 않고 다른 사람 만나 더 잘 살 수 있었을텐데요." 하는 자조 섞인 답변이었다고 합니다.

10대에 공부를 열심히 해서 원하는 대학/전공을 택하고, 20대에 공부를 열심히 해서 좋은 직장/자격증을 얻게 되고, 30대에 공부를 열심히 해서 승진을 잘 하거나 연봉을 많이 받고, 40대, 50대에도 공부를 열심히 해서 이후 더 나은 위치에서, 더 큰 역할을 하게 됩니다.

회사도 마찬가지입니다.

잘 되는 회사의 특징은 한 마디로 '임직원들에게 공부를 많이 시킨다'는 것입니다. 공부 내용도 다양하게 한다고 합니다. 물론 회사가 돈을 잘 벌기 때문에 교육을 더 시킬 수 있다고 볼 수 있지만 제가 관찰한 모습은 그렇지 않습니다. 업무 관련 공부가 아니더라도 회사 안에서 다양한 학습의 장을 만들어 주면 사람들이 소통하고, 생각을 함께 하며 지식을 나누고 특히 역지사지하는 마음이 더 많이 생깁니다. 물론 최고 효과적인 학습도구는 직무기회 부여입니다. 즉, 일을 해 보는 것이지요. 남의 일이 쉬워 보여도 해 보기 전에는 그 고충을 이해하기 힘듭니다. 하지만 직무순환을 통해 두루 경험을 하기에는 한계가 있습니다.

그래서 직무순환 외에 다양한 프로그램을 통해 교류하도록 하는 것입니다. 교육을 통해 insight가 풍부해 집니다. 내가 안고 있는 고민이나 문제를 전혀 다른 분야의 전문가가 던지는 한마디에서 해결책을 찾는 경우도 있다고 합니다. 그래서 액션러닝과 같이 과제해결형으로 운영할 때는 다양한 분야의 경험자들로 학습조직을 운영하기도 합니다. 공부는 혼자 하면 재미없고 졸릴 수 있습니다. 또한 시간관리도 어렵고 계획된 내용을 공부하기도 어렵습니다. 그래서 학습조직(community of practice)이 중요합니다. 비슷한 관심을 갖는 사람들끼리 모여 공부하는 조직을 만들어 운영하는 것입니다. 그것도 자율적으로요.

'공부'의 개념을 직장생활에 적용해 보면 직무 관련 전문서적 공부나 카탈로그를 통해 제품 공부를 하는 것뿐만 아니라 보고서나 기안지를 꼼꼼히 읽어 보는 것도 일종의 공부입니다. 이메일 내용을 면밀히 읽고 정확하게 이해하는 것까지 포함될 수 있을 것입니다. 즉, 공부를 많이 해서 회의를 효율적으로 진행하고, 공부를 많이 해서 본질을 이해하며, 공부를 통해 정확한 판단을 하는 것이 무엇보다 중요하다고 할 수 있습니다.

공부를 하는 요령은 보고서/기안지를 읽어 볼 수 있고, 참고 도서나 자료를 읽어 볼 수 있고, 전문가를 찾아 자문을 구할 수도 있습니다. 즉 다양한 형태로 가능하기 때문에 남다른 시간투자가 필요합니다. 노력하지 않고는 공부를 많이 하기 어렵고 잘 하기는 더욱 어렵습니다. 회사에서도 고민하고 공부하고 이를 토대로 본질을 이해하고 실행하는 것이 가장 효율적이고 효과적인 실행력일 것입니다.

약어 - 개념을 명확히

"선배님, MBO가 뭐예요?", "KPI는 무슨 약자인가요?" 갑자기 신입사원이 질문합니다. 늘 그렇게 직장생활 중에 사용하던 단어라 갑자기 물어보니 무슨 약자였는지 헷갈립니다. 많은 조직에서 사용하는 공통적인 경영관리 관련 용어뿐만 아니라 각 기업이 속한 산업에는 업계 용어가 있습니다.

각 분야별로 약어가 많이 쓰이며 그 약어의 의미는 산업이나 회사에 따라 너무나 다양합니다. BP 무슨 의미일까요? Best Practice, British Petroleum이라고 말하는 경우도 있지만 재무에서는 손익분기점을 말하기도 하고, 속옷회사에서는 특정 신체의 부위를 의미합니다.

가끔 어떤 약어에 대해 그 의미가 뭐냐? 라고 질문을 던지면 장황한 설명을 늘어 놓곤 합니다. 제가 볼 때 어떤 설명보다 약어의 full name 을 먼저 말하고 부연 설명을 약간만 덧붙인다면 충분할 것으로 생각됩니다. 위에 언급한 MBO와 KPI를 설명할 때 이렇게 해 보세요.

'MBO는 Management By Objective로 목표에 의한 관리이며, KPI 는 Key Performance Indicator로 핵심성과지표를 의미합니다.' 라고 설명하면 충분합니다. 또한 보고서에 약어에 대해서는 반드시 full name 을 부기로 달아서 이해를 돕도록 해야 할 것입니다. 무엇보다 소통비용 (communication cost)을 줄이기 위해 가능한 쉽게 이해 되는 용어를 사용하고 필요 이상으로 약어를 만들지 않았으면 합니다. 가끔 보고서에 신조어 같은 약어를 사용해 무엇인가 내가 모르는 뭔가가 있나 보다 하고 그 내용을 확인해 보면 지나치다 싶을 정도로 억지로 축약한 느낌을 받게 됩니다.

회사의 제품, 부품을 물어 보면 그 명칭의 full name을 먼저 말하고, 개념과 용도를 설명해 주세요. 정말 쉽게 이해합니다.

역으로 혼자 자기 용어로 열심히 설명을 했는데 듣는 사람은 이해를 못하고 있는 경우도 있습니다.

제 경험을 하나 소개 드립니다. 모 회사에서 회장님께 제안 설명회를 가졌는데 장황하게 경영기법에 대해 설명을 드렸는데 보고 과정에서는 고개를 끄덕끄덕하시더니 다 끝나고 회의실을 나가시면 '그런데 아까 그 단어 의미가 뭡니까?' 라고 질문을 하셨습니다. 순간 머리가 띵~ 해 졌습니다. 보고를 받는 사람들이 자신이 모른다는 것이 노출될까 걱정되어 질문도 못하는 상황까지 만들어 갈 수 있는 것이 '약어'일 수 있겠다는 깨달음이 생겼습니다. 물론 내용적으로는 다 아시면서 약어의 원어가 궁금하여 확인하실 수도 있고, 한편으로는 '당신은 원어나 의미를 제대로 알고나 사용하느냐?'는 질책 의도가 섞여 있을 수도 있습니다. 말과 글은 내가 이해하기 위한 것이 아니라 남이 알아 듣도록 하는 것이 목적입니다. 이에 용어나 약어를 사용함에 있어 남이 알아 듣기 쉽도록 해 주는 것이 배려이며, 용어에 대한 이해 차이로 오해가 생기거나, 이를 해소하기 위해 낭비되는 '소통비용(communication cost)'을 줄일 수 있습니다. 약어/용어의 적절한 사용이 커뮤니케이션을 잘하는 방안이 아닐까 생각해 봅니다.

개미
아들아, 등심 맛있지!? 아빠, 개미허리 완전 가능죠?

'오늘은 아빠가 맛있는 거 사줄게. 뭘 먹고 싶어?

(아이는 하던 놀이하며 무응답)

고기 사줄까?

(아무거나요)

그래도 먹고 싶은 거 있으면 말 해 봐.

(없는데요)

그래 그럼 오늘은 소고기 먹으러 가자.

(네~)

　김과장은 큰 맘 먹고 외식을 제안했다. 정원이 꾸며져 있는 분위기 좋고, 고기도 맛있는 가든에 가서 소고기 등심을 먹었습니다.

　일인분에 4만원도 넘는 식대가 상당히 부담스러웠지만 자녀들을 위해 아빠가 한턱 쏘는 것이라 생각하며 식사를 합니다.

　식사 중에 '이 집 고기 맛있지?'라고 확인도 해 가며, '많이 먹어' 하고 고기 한 점을 아이 접시에 올려 줍니다.

고기를 배불리 먹고 주차장으로 걸어 가는 길에 고기집 대문 입구에서 왕개미를 발견했습니다. 유독 까맣고 허리가 잘록한 큰 개미였습니다. 어찌나 빠른지 기어 가는 모습도 날렵하여 아이는 개미를 잡으려 엄지와 집게손가락으로 집어도 보지만 쏙 빠져 나가 따라도 가 봅니다.

엄마는 '그만 집에 가자'고 몇 차례 아이를 설득해 집으로 갔습니다.

집에 도착한 김과장은 비싼 고기값이 생각나고, 아빠로서 역할을 했다는 자부심이 들었는지 아이에게 물었습니다.

'오늘 고기 진짜 맛있었지? 그지?' 라는 질문이 끝나기도 전에 '아빠, 아까 식당에서 본 개미 허리 완전 가늘죠?' 라고 되물었습니다.

6살 아이의 반응이었습니다.

'그 개미 어디로 숨어 버렸을까요? 엄마가 가자고 안 했으면 잡을 수 있었는데, 아아~ 아까워' 혼자 투덜거립니다.

리더십은 내가 하고 싶은 것을 강요하는 것이 아니고, 내 눈높이로 판단해서도 곤란한 것 같습니다. 아빠는 잘 한다고 최선을 다했지만, 아이는 비싼 고기에 대한 감동보다는 개미에 대한 기억이 더 강했습니다.

오히려 그 개미와 더 시간을 갖고 놀게 놔 두지 않은 부모를 원망하고 있을 지도 모릅니다. 김과장이 겪었던 아이와의 에피소드와 비슷한 경험을 갖고 계실 겁니다.

어른들이 모여 있는 회사는 어떨까요? 신입사원과 대리, 과장, 팀장, 임원 모두 생각이 다를 것입니다. 서로의 관심이나 생각이 그만큼 다양할 수 있다는 것입니다.

　고기집 '개미'와 같이 나의 관심과 상대방의 관심은 차이가 있을 수 있으니 그 차이를 이해하려는 노력이야말로 협업의 출발입니다.

감정 - 상대방의 감정을 얼마나 생각하세요?

퇴근 길에 동료들과 한잔 하여 취한 아빠가 귀가하여, 방에서 공부를 하고 있던 자녀를 끌어 안고, 이런 저런 훈계성 멘트와 함께 횡설수설 하였습니다.

취해서 얼마나 세게 껴안았는지 자녀의 머리가 헝클어지고, 귀가 눌려 아팠던 아이의 감정은 어떠했을까요?

아빠의 행동을 어떻게 봐야 할까요?

아빠의 사랑을 너무 과하게 표현한 것일까요?

우월적 지위를 남용한(abusing) 지나친 행동일까요?

자녀 입장에서는 과연 '사랑의 표현'이라고 생각할까요? 아빠의 '주사(酒邪)나 괴롭힘'이라고 생각할 수도 있지 않을까요? 당연히 아빠가 사랑을 표현한 것이라고 답변할 줄 알았는데 자녀들은 그렇게 답변하지 않는다 합니다.

어떤 행위가 발생하면 상황에 따라 긍정적으로 비춰지기도 하고, 부정적으로 보이기도 합니다. 특히, 과거 History나 당시 주변 상황을 모르고, 눈에 보이는 현상만 놓고 보면 더욱 의견이 분분해 집니다. 비록 제3자가 보고 판단을 하더라도 '남의 눈이 객관적이다' 라는 상식이 깨지는 것입니다.

아빠가 평소 귀가하여 자녀를 안아 주고, 신뢰가 쌓여 있으면 술에 취한 아빠의 행동이 '귀엽다'고까지 비쳐 질 수 있습니다. 하지만 평소 친밀감이나 이해가 형성되어 있지 않은 상태에서는 당혹스럽게 보일 수 있습니다. 물론 아무리 평소 친밀감과 신뢰가 있더라도 취중에 자녀에게 하는 과격한 행동은 적절하지 않습니다.

아빠의 행동을 보면서 '우리 아빠가 얼마나 스트레스를 받으셨으면 술에 취해 이러실까, 나를 많이 사랑하시나 보다' 라고 '생각'하면서 파절이와 술 냄새를 참고 싶지만, 발현되는 자녀의 행동은 '아~ 술냄새~, 아빠!'라며 품 안에서 빠져나가는 것으로 이어질 수 있습니다. 즉 '생각'과 다른 '행동'을 순간 감각적으로 하게 될 수 있다는 것입니다. 이것은 바로 '감정의 교감'이 부족했기 때문입니다. 사람의 행동을 변화시키고, 행동의지를 강화시키는 힘은 '이성적인 사고(생각)'가 아닌 '감정'이 많이 좌우한다고 합니다. 감정에 기인한 행동은 일시적으로 나타나지 않고, 누적된 감정의 발산으로 볼 수 있습니다.

직장생활 중에 우리는 감정 교감이 되지 않아 당혹스러운 경험을 하게 됩니다. 가령, 상사에게 보고를 하는데 상사가 제대로 듣지도 않고 읽어 보지도 않는 경우입니다. 나의 감정은 전혀 고려해 주지 않은 상사의 태도입니다. 나는 최선을 다해 준비했지만 평소 나에 대한 신뢰가 부족하거나, 나의 행동 방식에 대한 교감이 부족해 나타나는 현상입니다.

직장에서는 같이 일하는 상사, 동료 간에 평소에 형성된 감정의 교감이 중요합니다. 교감이 형성되어 있을 때 상대방의 행동에 대해 그 의도를 정확히 이해 할 수 있습니다.

신발 - 가지런히 놓는 것도 배려

서울 성북동 '길상사'에 갔더니 화장실 입구에 '신발을 가지런히~ 보시입니다.'라고 적혀 있었습니다. 집근처 교회에 가면 '은혜를 베풀라, 빛과 소금이 되어라'고 하고, 어른들께서는 '복을 쌓으라'고 합니다. 화장실에는 '머문 자리를 깨끗히', '아름다운 사람이 머문 자리는 아름답습니다.'라고 적혀 있습니다. 며칠 전 부산출장 길에 김포 공항에서 미화원을 만났습니다. 제가 앉은 자리 옆의 쓰레기를 줍길래 '수고 많으십니다.' 라고 인사를 했습니다. 그 말 한마디에 고맙다는 듯이 하소연을 늘어 놓습니다. '요즘 김포에서 제주 가는 중국 관광객이 많은데 중국사람들은 화장실을 너무 지저분하게 씁니다. 완전 수준 이하예요. 세상에~ 화장실 변기 위에 올라가 쪼그려 앉아 대소변 보는 사람도 있어요. 학생들도 수학여행을 제주로 많이 가는데 학생들이 여기 한번 앉았다 가면 온 천지가 쓰레기통 됩니다. 아이구~ 말도 마세요. 너무 힘들어요'

누군가는 나의 뒤를 정리하고 있습니다. 내 눈에 깨끗한 모습으로 보이는 모든 것에는 누군가의 손길이 있었습니다. 그 분들을 돕는 작은 일이 바로 보시이고 은혜를 베푸는 것이고 복을 쌓는 일이 아닐까요?

회사도 마찬가지입니다. 회의실 정리정돈을 잘하여 다음 사람이 사용할 때 기분 좋게 만들어 주는 것이 배려이며, 사원 식당에서 내가 앉았던 자리에 흘린 김치국물을 티슈로 닦아 내고 가는 것이 배려입니다. 앉았던 의자를 제자리에 정리하는 것, 회의실 화이트보드의 메모를 지우는 것, 화장실에 지저분하게 내팽개쳐진 휴지를 줍고, 치약/치솔을 정리정돈 하는 것 또한 배려입니다. 비록 나만 사용하는 자리지만 내 책상을 깨끗하게 유지하는 것이 남에 대한 배려입니다. 지저분한 책상을 보면 보는 사람의 마음이 편하지 않습니다. 책상을 깨끗이 정리하는 것이 보시입니다.

은혜를 베풀어라. 복을 짓고 복을 쌓으라는 말을 많이 듣게 됩니다. 복을 짓는다는 것은 남에게 기쁨을 주는 것이며, 작게는 정리정돈을 잘 하는 것에서부터 물질적으로, 정신적으로 도움을 주는 것까지 다양할 것입니다. 작은 배려의 말 한마디, 정리정돈, 공용물품을 깨끗이 사용하고 제자리에 두는 것, 회의실을 사용하고 잘 정리하는 것, 전화를 친절히 받아 상대방에 기분을 좋게 해 주는 목소리. 이 모든 것이 복을 짓는 일이며, 보시입니다. 또한 가장 쉬우면서 남을 기분 좋게 해 드리는 최고의 보시는 바로 미소입니다. 웃는 표정입니다. 마주치면 웃어 주는 것이 보시이고, 복을 쌓는 길입니다. 보시 하시고, 은혜 베푸시고, 복 많이 지으시길 바랍니다.

종교에 따라 표현은 다르지만 의미는 같을 것입니다.

세대 - 아이디어 회의는 다양한 세대가 모여서

"요즘 핫 한 곳이 어디예요?" 통신 회사 고위직 임원에게 던진 질문입니다. 그 분은 마케팅 트렌드를 파악하고 신세대의 소비성향을 파악하기 위해 회사에서 나서면서 청바지를 입고, 가발이나 모자를 쓰고 홍대, 강남, 이태원, 가로수길, 경리단길을 걷는다고 합니다. 새로 생기는 명소는 당연히 방문해 보고요.

우리가 세대차이를 얘기하지만 세대차이 보다 더 큰 문제는 세대차이를 이해하려는 노력이 부족한 것입니다.

베이비부머 세대(baby boomers)는 가족을 위해 희생하고, 공동체를 중시하며, 조직 활동에 참여를 잘 합니다. 반면 X-세대는 컴퓨터 환경에 노출되어 기술에 대한 이해를 하고, 홀로 즐길 줄도 알고 회의적인 경향도 강합니다. 밀레니얼(millennials)로 불리는 더 젊은 세대는 페이스북 등 SNS에 자연스럽게 노출되어 있고 취업난, 입시난 등 온갖 난관을 겪고 있는 세대입니다. 하지만 자기만의 자존감을 중시하고, 자신감이 있고 글로벌 역량도 강합니다.

한 집에서 사는 가족간에도 서로 생각의 차이가 큽니다.

인사관점에서 보면 베이버부머 세대는 자신의 경험을 중시하며 경험한 것을 위주로 믿고, 구성원들이 스스로 알아서 해 주기를 바라는 경향이 강합니다. 일과 삶의 균형(work-life balance)에 대해서도 '그러면 좋겠지...'라고 생각하면서도 '현실은 그렇지 않다'는 생각이 지배적입니다.

또한 그들은 한 직장에 오래 다녀야 한다는 생각이 강합니다. 스스로 공부하면서 자수성가한 사람들이 많아 요즘 젊은 사람들(자식 포함)에게도 스스로 알아서 하라고 강조합니다. 회사 일도 알아서 눈치껏 배우면 된다고 생각하는 경향이 강합니다.

X-세대는 업무 지시를 할 때, 상사가 방향만 제시하고 맡겨 달라는 요청이 많으며, 정기적으로 피드백을 받아 본인이 하는 일에 대해 잘잘못을 확인하고 싶어 합니다. 회사 내에서도 배움의 기회가 없다면 다른 회사를 찾겠다는 생각이 강하고, 즐길 수 있을 때 즐기자는 생각이 지배적입니다. 그래서 집보다 차를 먼저 사고, 결혼 후 아기를 천천히 가지며, 자기가 좋아하는 일에 돈을 써 베이비부머는 이해하지 못하는 행태가 나타나는 것입니다. 점심은 굶고도 본인이 좋아하는 6천원짜리 커피는 마시는 모습이지요.

세대간의 특징을 이해하고 인정하려는 노력이 우선 필요합니다.

후배를 스승이라고 생각하고 대화해 보세요.

IT기술의 발달과 모바일 환경의 변화로 자녀들이 부모님께 SNS 사용법을 알려 드리고, 첨단 기술로 가득한 아파트 홈오토메이션 시스템의 사용법을 가르쳐 드리곤 합니다.

우리는 경험이 풍부한 선배나 직급이 높은 사람이 일반적으로 많이 알고 또 그들이 말을 많이 하는 세상에 익숙해져 있습니다. 물론 업무 경험이나 인생 경험이 풍부한 분들을 통해 업무노하우와 인간관계에 대해 많이 배웁니다. 하지만 선배도 후배를 통해 많이 배우며, 배울 점이 많은 후배를 좋아합니다. 후배 사원은 신선한 시각으로 아이디어를 제시하기

도 하고, IT 기술을 활용해 업무 처리 속도도 빠릅니다. 가령, 유튜브에
동영상을 올리는 방법도 가르쳐 주고, 엑셀이나 MS-Office 프로그램도
잘 다루며, 최근 유행하는(Hot 한) 패션, 식당, 여행 정보도 잘 알려 줍니
다. 걸그룹이나 영화 정보를 알려 주기도 해서 참 고맙습니다.

밀레니얼세대에게 배울 점이 참 많습니다.

기성세대라는 베이비부머 세대가 신세대를 이해하려는 노력이 우선
되어야 합니다. 어차피 그들과 함께 일해야 하고 그들이 더 나은 아이디
어를 많이 내며 성과를 내기 때문입니다.

세대차를 느끼고 그들과 멀어질수록 나만 외로워지고 뒤쳐집니다.

후배가 스승입니다. 스승님과 더욱 친해지고, 더욱 많이 배우세요.

나의 직장생활 태도와 습관

아래 각 항목에 1점에서 7점까지 표기하세요. 동의하고 잘 한다고 생각할수록 높은 점수를 부여합니다. 보통이라고 생각하는 기준은 4점입니다.

번호	항목	점수
1	나는 남의 눈(관점, 입장)으로 나를 잘 본다고 생각한다.	
2	나는 남이 내게 피드백하는 내용을 잘 안다.	
3	나는 중요한 의사결정을 할 때 부모님의 의견도 여쭤 본다.	
4	나는 매사에 정성을 다하는 편이다.	
5	나는 일찍 출근하고 늦게까지 일한다.	
6	나는 내가 하는 일에 몰입한다.	
7	나는 긍정어를 많이 사용한다.	
8	나는 늘 잘 될 것이라고 생각한다.	
9	나는 남을 탓하지 않는다.	
10	나는 말과 행동에 모순이 적다.	
11	나는 회사의 비품을 내것처럼 아낀다.	
12	나는 주인 의식이 강하다.	
13	나는 내 일에 책임감이 강하다.	
14	나는 자기 관리를 잘한다는 평가를 받고 있다.	
15	나는 거짓말을 하거나 핑계를 대지 않는다.	
16	나는 SNS에 악성 댓글을 달지 않는다.	
17	나는 사내에서 업무 분장에 불만이 없다.	
18	나는 회사 전체의 이익을 위해 개인을 희생한다.	
19	나는 업무 분장으로 갈등을 일으키지 않는다.	
20	나는 평소 문제의 본질을 생각한다.	

21	나는 스트레스를 잘 관리한다.	
22	나는 화를 내지 않는다.	
23	나는 사람을 소중히 여긴다.	
24	나의 근무 환경은 안전하다.	
25	나는 직장 상사, 동료와의 관계가 좋다.	
26	나는 직장 내 갈등이 적다.	
27	나는 마음이 통하는 Soul mate가 있다.	
28	나는 바람직한 대화법을 알고 실천하고 있다.	
29	나는 칭찬, 감사의 표현을 잘 한다.	
30	나는 비인격적인 언행을 하지 않는다.	
31	나는 잔정을 잘 표현한다.	
32	나는 사회적 약자에 관심을 갖고 배려한다.	
33	나는 같이 점심 식사 할 사람을 미리 계획한다.	
34	나는 업무 관련 담당자를 직접 만나 일처리를 한다.	
35	나는 폭넓은 인간관계(네트워크)를 형성하고 있다.	
36	나는 직장에서 사용하는 약어, 용어를 정확히 이해한다.	
37	나는 남의 눈높이에 잘 맞춘다.	
38	나는 남의 감정을 잘 읽는다.	
39	나는 상대방을 잘 배려한다.	
40	나는 세대가 다른 직원들과 친하고 후배를 통해 배운다.	
41	나는 직장생활에 좋은 태도와 습관을 갖고 있다.	
42	나는 직장에서 성과를 잘 낸다.	
43	나는 직장생활에 만족하고 행복하다.	
44	나는 다른 사람으로부터 존경 받는다고 생각한다.	
45	나는 나의 직장생활이 성공적이라 생각한다.	
총점		

직장생활, 나는 잘 하고 있을까?

〈나의 직장생활 태도와 습관 진단 및 성찰〉

① 각 항목별 점수는 1점에서 7점까지 부여하세요.

② 총점은 전체 점수의 합입니다.(최소 45점, 최대 315점)

③ 점수별 판단 기준 및 성찰

- 탁월 : 250점 이상, 아주 탁월하여 타의 모범이 되는 수준의 태도와 습관을 갖고 있습니다.

- 우수 : 200점~249점, 직장생활의 태도와 습관이 매우 좋습니다.

- 보통 : 135점~199점, 평범한 수준의 직장생활 태도와 습관을 갖고 있습니다.

- 미흡 : 134점 이하, 직장생활의 태도와 습관을 점검해 보세요. 특히 다른 사람의 피드백을 겸허히 들어 보세요. 조직생활이 적성에 맞지 않을 수 있습니다.

직장생활을 할수록, 인사관리를 할수록, 사람이 잘 변하지 않는다는 것을 절감합니다.

때로는 태생적인 DNA에 따라 결정되고, 타고난 운명대로 산다는 생각조차 강해집니다.

그럼에도 불구하고 시대에 맞는 인재상, 인사관리, 직장생활 성공 방식은 있을 것이라 믿습니다. 그래서 첨단 과학 기술이 발전하는 디지털 시대에 직장생활 성공 방정식은 과연 어떤 것인지 고민하게 됩니다.

인공지능, 사물인터넷, 로봇, Digital Transformation 등 새로운 변화가 밀려 오지만, 이러한 변화를 가능하게 하는 것도 사람입니다.

물론 사람을 대체할 수 있는 분야가 많아 걱정도 됩니다. 하지만 과학 기술의 발전도, 융복합도, 창의성도, 모두 긍정적인 마인드, 팀웍, 성실, 자존감 등 사람의 본질적인 속성에 의존함을 느낍니다.

디지털 사회가 되어 일을 시키면 노트북부터 꺼내는 신세대들에게 '연필과 지우개'를 갖고 조용한 자리에서 생각을 정리해 보라고 말하고 싶습니다.

기술이 발전해 로봇이 사람을 대체한다고 하더라도 사람의 정(情)이 만들어 내는 영향력이 크다고 외치고 싶습니다.

사람이 행복하고, 사람을 소중하게 생각하는 가치를 바탕으로 기술을 활용하고, 그 기술을 통해 사람이 더욱 편리하고 행복해지는 세상이 되어야 함을 강조하고 싶습니다.

사람이 모인 장소가 직장이고 직장 안에서 많은 일들이 이루어집니다.

갈등도 행복도 성과도 모두 함께 합니다.

기업이 돈만 잘 번다고 좋은 기업이 아니듯이, 사람이 일만 잘 하고 성과만 좋다고 성공했다고 할 수 없습니다.

그래서 직장생활 성공의 방정식은 일을 잘 해서 성과를 내고, 스스로 행복하며, 남이 나를 존경하는 상태를 말하며, 그 각각은 곱셈의 함수이기 때문에 어느 하나가 마이너스가 되면 전체 값이 마이너스임을 강조합니다.

직장생활에 성과를 잘 내기 위해 현실을 정확히 판단하고, 아는 것을 실행하며, 소통하고, 협업하는 것이 가장 중요합니다. 한마디로 일과 역할에서 프로가 되어야 합니다.

또한 스스로 행복하기 위해 사람을 보는 올바른 가치관이 중요합니다. 결국 스스로의 행복은 자기 자신을 아끼고 남을 사랑하는 휴머니티(humanity)를 바탕으로 가능할 것입니다.

다른 사람으로부터 존경을 받기는 더욱 어렵습니다. 그래서 사람과의 관계를 잘 형성하여 좋은 평판을 받아야 하고, 부정한 방법으로 성과를 내어서는 안됩니다.

직장생활 성공 방정식은 결국 나 자신이 풀어 가야 합니다.

어떤 공식도 없습니다. 왕도도 없습니다.

나의 '생각'이 나의 방식대로 전개되는 것이 곧 '태도'이며, 태도가 모인 것이 '습관'입니다.

물론 생각이 습관으로 표출됩니다.

올바른 태도와 습관이 직장생활의 성공을 담보할 수 있습니다.

올바른 태도와 습관을 바탕으로 직장생활에서 성과를 내고, 행복하며, 존경 받을 수 있기를 바랍니다.

저도 이 책을 쓰면서 부끄러움을 많이 느낍니다. 그리고 저 자신에게 '나는 잘 하고 있을까?'라는 질문을 던지며 스스로 성찰하고 반성하며 다짐하는 계기가 되었습니다.

이 책을 쓰며 감사드릴 분이 많이 떠 오릅니다.

LS산전에서 CHO로 역할을 할 수 있는 기회를 주신 구자균 회장님께 감사드리고, 8년 4개월의 메시지를 어김없이 보낼 수 있도록 건강한 신체를 주시고 떠나신 부모님께 감사드립니다.

부족함이 많은 책을 출판하도록 응원해 주신 LS산전 임직원 및 지인들께 감사드리며, 출판을 승낙하고 편집에 애써 주신 플랜비디자인 최익성대표님, 신범창팀장님께 감사드립니다.

친구의 집필을 내 일과 같이 생각하며 도와 준 정인석, 이상열, 이종윤, 이승용 그리고 후배 이상일에게 감사의 말을 전합니다.

처음 책을 쓰느라 명절 때 고향에 가지 못한 저를 이해해 주시고 응원해 주신 형님, 누님을 비롯한 모든 가족, 친척들께 감사드립니다.

저의 직장생활에 코치(coach) 역할을 해 주며 내조를 아끼지 않는 아내는 주말과 명절 연휴까지 원고 퇴고를 맡아 주었습니다. 오타가 나오면 저보다 더 책임감을 느끼는 아내와 함께 이 책을 마무리 한 셈입니다.

　마지막으로 대한민국의 육군으로서 나라를 지키는 아들(현원)과 항상 손하트를 날려 주며 응원해 주는 딸(현지), 그리고 아내(임정화)에게 '고맙고 사랑한다'는 말을 전합니다.

2018년 4월
운중동에서
박 해 룡

add

부록

직장생활 성공 방정식에서 성과, 행복, 존경의

3개 요소에 대한 점수를 자가진단을 해 보세요.

최초의 점수는 본문 내용 중의 설문조사 결과를 표기하시고

1년, 3년, 5년, 10년차에 다시 이 책을 꺼내

표기해 보시기 바랍니다.

부록

직장생활 성공 방정식에서 성과, 행복, 존경의 3개 요소에 대한 점수를 자가진단을 해 보세요. 최초의 점수는 본문 내용 중의 설문조사 결과를 표기하시고 1년, 3년, 5년, 10년차에 다시 이 책을 꺼내 표기해 보시기 바랍니다.

	성과(P)	행복(H)	존경(R)	성공(S)
처음 책을 읽은 시점 (년 월)				
1년 후 (년 월)				
3년 후 (년 월)				
5년 후 (년 월)				
10년 후 (년 월)				

● 플랜비디자인의 사명과 일

플랜비디자인의 사명

플랜비디자인은 조직과 개인이

더 중요한 일을 발견할 수 있도록 돕고 있습니다.

더 중요한 일에 집중할 수 있도록 돕고 있습니다.

더 중요한 일을 잘 해낼 수 있도록 돕고 있습니다.

플랜비디자인의 일

컨설팅

True change Lab →

- True Change Lab은 PLANBier들에게 필요한 본질에 집중하는 교육프로그램을 제공하고자 합니다.

- True Change Lab은 행동의 변혁을 만들기 위해 존재합니다.

- 긍정적 변화를 일으켜 더 성장하는 개인과 조직을 만드는데 공헌하고자 합니다.

도서

PlanB Books →

- 개인 및 조직의 경험과 지식이 사회적으로 가치 있게 활용될 수 있게 하기 위해, 삶의 소중한 기억들을 하나로 모으는 것을 돕기 위해 출판합니다.

컨설팅 | True Change Lab

플랜비디자인은 매번 프로젝트, 교육을 진행할 때마다
새로운 프로그램을 개발하고 운영합니다.

Leadership

- 진짜 리더십
- 일상 리더십
- 팀장 리더십
- 임원 리더십
- 차세대 리더 프로그램
- 핵심인재 프로그램
- 셀프리더십

Culture

- 진짜 회의
- 회의문화
- 수평 조직 만들기
- 세대공감
- 조직다움 만들기
- 일하는 방식의 변화

Team

- 팀 관계 강화 워크샵
  (AS ONE, 최고의 하나)
- 미션-비전 수립 워크샵
- 조직 문제 해결 워크샵

도서 | PlanB Books 저자모집

True Change Books

- 책 출간, 교육프로그램화를 동시에
  진행하여 HRD콘텐츠를 강화하고
  HRD담당자들의 PlanB를 돕기 위한
  목적으로 진행합니다.

- 다년 간의 HR경험을 보유하시고
  저술, 강연, 컨설팅에 관심 있는 분들,
  특정 HR 분야의 전문가 분들 환영합니다.

삶 그리고 선물 시리즈

- 모든 사람의 삶은 가치 있고 소중하다는
  작은 생각에서 출발합니다.

- 구조화된 인터뷰 기법을 활용하여
  본인의 삶을 기록하는 저자가
  될 수 있게 도와드립니다.